MW00794937

clave

Osho desafía cualquier intento de clasificación. Sus innumerables charlas cubren todos los temas: desde la búsqueda individual del sentido de la vida, hasta los problemas sociales y políticos más apremiantes a los que se enfrenta la sociedad actual. Los libros de Osho son transcripciones de sus charlas impartidas ante audiencias internacionales, y recogidas en su totalidad en grabaciones de audio y video.

Tal como él mismo declara: "Recuerda, lo que estoy diciendo no sólo es para ti..., también estoy hablando para las futuras generaciones". El diario *The Sunday Times* de Londres lo ha definido como uno de los "1000 Creadores del siglo xx", y El *Sunday Mid-Day* de la India, como una de las diez personalidades —junto con Gandhi, Nehru y Buda— que han influido en el destino de este país.

Osho

Destino, libertad y alma

¿Cuál es el sentido de la vida?

DEBOLS!LLO

Destino, libertad y alma
¿Cuál es el sentido de la vida?

Título original en inglés: *Destiny, Freedom and The Soul.*
What Is the Meaning of Life?

Osho® es una marca registrada de Osho International Foundation.
Para mayor información favor de dirigirse a osho.com/trademark

El material de este libro es una selección de una serie de charlas de Osho
que responden a las preguntas formuladas por una audiencia en vivo.
Todos los discursos de Osho han sido publicados íntegramente en inglés
y están también disponibles en audio. Las grabaciones originales de audio
y el archivo completo de textos se pueden encontrar online en la biblioteca osho: www.osho.com.

Primera edición en Debolsillo: febrero, 2019

Penguin
Random House
Grupo Editorial

ÍNDICE

INTRODUCCIÓN

El hombre es una búsqueda; no es una pregunta sino una búsqueda. Una pregunta puede ser resuelta intelectualmente, pero una búsqueda ha de resolverse existencialmente. No se trata de buscar respuestas a nuestras preguntas, sino de buscar una respuesta para nuestro ser.

Es una búsqueda, porque las preguntas son referentes a los demás. Una búsqueda sólo tiene que ver con uno mismo. El hombre se busca a sí mismo. Sabe que *es*, pero no sabe *quién* es. Por lo tanto, desde el momento en que nace empieza a surgir una gran búsqueda en lo más profundo de cada ser humano. Podemos reprimir esa búsqueda, desviarla y sustituirla por otras búsquedas, pero no podemos eliminarla ya que es intrínseca a la naturaleza humana. Es algo intrínseco a la conciencia saber qué es.

Esa búsqueda es nuestra verdadera naturaleza y, hasta que no se resuelve, seguiremos buscando. Por supuesto, hay muchas formas de equivocarse y sólo una forma de acertar, así que la búsqueda está llena de riesgos. No es sencilla; es muy compleja y es muy raro que una persona la consiga. Pero hasta que no la consigas, seguirás experimentando agonía y confusión. Seguirás siendo un grito en el desierto, no conocerás la alegría. Sin conocerte a ti mismo, ¿cómo vas a estar alegre? Sin conocerte a ti mismo, no hay bendición.

Oirás palabras como «satisfacción», «felicidad», pero sólo serán expresiones. No tendrán ningún sentido para ti, éste deberá ser aportado por tu experiencia. Sólo serán palabras vacías que harán mucho ruido a tu alrededor pero no querrán decir nada.

La búsqueda es intrínseca a la naturaleza humana, el problema que conlleva es las muchas posibilidades de equivocarse, entonces, ¿cómo encontrar el camino correcto?

Carlyle dijo: «El infortunio de un hombre tiene su origen en su grandeza. Hay algo infinito en él, así que no puede conseguir enterrarse a sí mismo por completo en lo finito».

Hay algo en ti que es más elevado que tú, más grande, y no hay forma alguna de enterrarlo en lo finito. Puedes verlo en tu propia vida; podrías buscar dinero y poder, pero cuando lo consigas, sentirás que has fracasado. Cada vez que tengas éxito, lo único que te quedará será la conciencia del fracaso. Tendrás dinero, pero estarás tan insatisfecho como siempre, o más aún. Tendrás poder, pero tú te sentirás tan impotente como siempre. Nada hace a uno más consciente de su propia impotencia que el poder. Por contraste, nada hace a uno más consciente de la pobreza interior que la riqueza. Al exterior podrás tener riqueza, pero por dentro eres un mendigo, deseando, pidiendo, anhelando, buscando.

Por una parte, esto parece ser una desgracia, la desdicha del hombre; por otra, es su grandeza. Carlyle tiene razón cuando dice que el infortunio del hombre tiene su origen en su grandeza. ¿Qué es esta grandeza? Es la capacidad humana de superarse, de ir más allá de uno mismo, de crecer, de saltar fuera de uno mismo. Hasta que ese salto no se haya dado, vivirás en una tierra baldía en la que nada florecerá. Por más que te esfuerces, el desierto seguirá siendo desierto; no encontrarás ninguna flor.

Esas flores sólo surgirán cuando te acerques a la verdad. Ésa es la búsqueda. Es el anhelo del ser humano de convertirse en Dios. La búsqueda es el deseo del ser humano de convertirse en verdad. Quieres sentirlo, «soy verdad». Jamás te sentirás satisfecho con menos.

uno

EL MISTERIO DE «QUIÉN SOY YO»

¿Quién soy yo? Esta pregunta debe surgir de lo más profundo y recóndito de tu ser. Tienes que vibrar con esta pregunta. Tiene que resonar, pulsar en tu sangre, en tus células. Tiene que convertirse en un signo de interrogación en tu alma.

Y cuando la mente esté en silencio, lo sabrás. No es que vayas a recibir alguna respuesta en forma de palabras, ni que vayas a poder anotar en tu libreta «ésta es la respuesta». No es seas capaz de decirle a alguien «ésta es la respuesta». Si puedes decírselo a alguien o anotarlo en una libreta, no es la respuesta que buscas. Cuando la verdadera respuesta llega a ti, ésta será tan existencial que es inexpresable.

Yo mismo soy una pregunta. No sé quién soy. ¿Qué hacer? ¿Adónde ir?

Quédate con la pregunta. No hagas nada, no vayas a ninguna parte y no empieces a creer en respuestas, simplemente quédate con la pregunta.

Ésa es una de las cosas más difíciles de hacer: quedarse con una pregunta y no buscar la respuesta. Porque la mente es muy astuta, puede proporcionarte respuestas falsas. Puede consolarte, puede darte algo a lo que aferrarte y, así, la pregunta no es respondida sino suprimida. Entonces, continuarás creyendo en la respuesta, y la pregunta permanecerá en lo profundo de tu inconsciente como una herida. No habrá sanación.

Con esto no quiero decir que si te quedas con la pregunta vayas a recibir la respuesta. Nadie ha recibido jamás respuesta. Poco a poco la pregunta desaparecerá, y no porque tengas la respuesta; no hay respuesta porque la vida es un misterio. Si hubiese una respuesta, la vida no sería un enigma.

No hay repuesta, no se trata de algo que se pueda resolver. Ésa es la diferencia entre un rompecabezas y un enigma. Un rompecabezas, por muy complicado que sea, puede resolverse, un enigma no. No es que sea difícil, es muy sencillo, pero su naturaleza es tal que no puede ser resuelto.

Por eso, quédate con la pregunta, alerta, consciente, sin buscar, sin intentar encontrar una respuesta. Es muy duro, pero puedes hacerlo... Yo lo he hecho. Y todos aquellos que han disuelto sus preguntas lo han logrado. El fuego de su propia conciencia quema la pregunta. El sol de su conciencia la funde, la desaparece, la evapora. Un día, de repente, descubres que estás ahí y que la pregunta ya no está. No es que la pregunta sea reemplazada por una respuesta. La pregunta simplemente ha desaparecido. Estás ahí y sin pregunta. Ésa es la respuesta.

Tú, sin ninguna pregunta, es la respuesta. No es que seas capaz de decir quién eres; te reirás de la pregunta en sí. La pregunta se vuelve absurda. En primer lugar, el mero hecho de preguntar es un error, pero en este momento no lo puedes comprender, tienes que preguntar con mucha intensidad. Haz la pregunta, pero no pidas la respuesta.

Ésa es la diferencia entre teología y religiosidad. La teología te da la respuesta, la religiosidad te da la conciencia. La teología te proporciona una respuesta preparada, manufacturada, pulida, perfecta. La religiosidad no te da respuesta alguna; simplemente te ayuda a profundizar en la pregunta. Cuanto más profundizas en la pregunta, ves mejor cómo se va fundiendo, desapareciendo. Y cuando la pregunta ha desaparecido, dentro de ti se libera una tremenda energía. Estás ahí, sin pregunta. Y cuando no hay pregunta, por supuesto, no hay mente. La mente es quien pregunta. Cuando no hay preguntas, también desaparece la mente, queda la pura conciencia; tan sólo el cielo sin nubes, la llama sin humo.

Eso es la divinidad. Lo que es un Buda o Cristo. Recuerda, lo repito una y otra vez: Buda no encontró la respuesta; por eso nunca responde a las preguntas más esenciales. Si le preguntas: «¿Dios existe?», eludirá la pregunta, no responderá. Si le preguntas: «¿Qué ocurre cuando una persona muere?», lo eludirá, empezará a hablar de otras cosas, no responderá.

Él no es ni un metafísico ni un filósofo. Él ha venido a afrontar la pregunta, y la pregunta ha desaparecido. La pregunta desaparece como la oscuridad cuando enciendes una luz. Trae más conciencia a la pregunta.

Dices: «Yo mismo soy una pregunta». ¡Hermoso! Así es como debe ser, reduce todas las preguntas a la pregunta básica, que es ¿quién soy yo? No te vayas por la tangente con otras cuestiones como ¿quién creó el mundo?, ¿por qué fue creado el mundo?. Ésas son interrogantes sin sentido. Ve a la pregunta básica, a la pregunta más fundamental: ¿Quién soy yo? Deja que tu conciencia penetre en ello, como una flecha que va penetrando más y más. Y no tengas prisa por encontrar la respuesta, porque la mente es astuta. Si vas con prisa, si eres impaciente, la mente puede proporcionarte una respuesta. La mente puede citar las escrituras. Puede decir: «Sí, eres un dios, eres pura conciencia, eres la verdad última, una alma eterna, un ser inmortal». Esas respuestas pueden destruir tu búsqueda.

Un buscador tiene que ser consciente de las respuestas preparadas. Están a tu disposición, se te proporcionan por todas partes. De hecho, tu mente ya ha sido condicionada. Te han sido dadas las respuestas incluso antes de formular la pregunta.

Un niño pequeño, que aún no se ha preguntado quién es Dios, se le ha proporcionado la respuesta; está siendo condicionado. La pregunta todavía no existe y ya se le ha dado la respuesta. Mucha gente cree en esas respuestas durante toda su vida y nunca hacen la pregunta ellos mismos.

Si no has hecho la pregunta, lo que quiera que sepas es basura. Tira todos tus conocimientos al cubo de la basura, porque en realidad no hay conocimientos, sólo hay saber. No hay respuesta, sólo un estado de conciencia en el que el preguntar desaparece. Sólo hay una claridad de visión y percepción, una luz en los ojos con la que puedes ver cada vez más, no es que encuentres una respuesta en alguna parte.

La existencia es tan inmensa y misteriosa; y es bueno que sea así. Imagínate qué mala suerte si pudieras encontrar la respuesta. No merecería la pena vivir la vida; no tendría ningún sentido. Como no puedes encontrar la respuesta, la vida sigue teniendo infinito sentido. Dios no es la respuesta, la divinidad es el estado de conciencia en el que la respuesta ha desaparecido. La divinidad es el estado de no-mente.

Quédate con la pregunta. Yo estoy aquí para ayudarte a quedarte con la pregunta. No voy a darte ninguna respuesta porque ya tienes demasiadas. No voy a sobrecargarte. Estoy para enseñarte a desaprender las respuestas que has aprendido, para que la pregunta se vuelva cristalina, auténtica y propia; para que la pregunta surja de lo más profundo de tu ser.

Y quédate con ella. No vayas de un lado a otro; no tengas prisa, ten paciencia, deja que esta pregunta se convierta en tu constante compañera.

Ésta es la única disciplina que enseño: preguntar, sin ninguna prisa por obtener la respuesta.

Y es hermoso quedarse con la pregunta porque las respuestas te corrompen. Destruyen tu inocencia, tu ignorancia pura. Llenan tu mente con palabras, teorías, dogmas. Entonces, dejas de ser virgen porque te corrompen. Una pregunta es pura; no te corrompe; de hecho, intensifica tu pureza; te hace cada vez más claro.

Vuélvete consciente de tu pregunta. No es que tengas que preguntar continuamente «¿quién soy yo?». No es tienes que verbalizarlo. Deja que la pregunta esté presente sin enunciarla. Deja que sea como tu respiración, como tu ser. Deja que esté presente, silenciosa pero continua, como si estuvieras embarazado de ella. Un día, si has vivido lo suficiente con la pregunta, ésta empezará a desaparecer. Se evaporará, igual que las gotas de rocío cuando sale el sol de la mañana.

Cuando la conciencia se ha convertido en un fuego, en una luz intensa, la pregunta empieza a desaparecer.

Y cuando la pregunta ha desaparecido, no puedes decir quién eres, pero lo sabes. No es conocimiento; es un *saber*. No puedes responder, simplemente lo sabes. Puedes sentirlo y alegrarte por ello, lo vivirás, pero no podrás responderlo.

A menudo, tengo la sensación de que no estoy haciendo algo que debería estar haciendo, o haciendo algo que no debería estar haciendo; ese algo tiene que cambiar, y pronto. Se trata de una preocupación de colegial de que no voy a aprobar el curso y podría ser expulsado.

Así es como hemos sido educado todos. Toda nuestra formación, en la familia, en la sociedad, en la escuela, en el instituto, en la universidad, nos produce tensión (que fundamentalmente es la de no estar haciendo lo que deberías hacer).

Persiste durante toda tu vida, te persigue como una pesadilla, te acosa. Nunca te dejará en paz, nunca te permitirá tranquilizarte. Si te relajas, te dirá: «¿Qué estás haciendo? No deberías relajarte; deberías estar haciendo algo». Si estás haciendo algo, te dirá: «¿Qué estás haciendo? Necesitas descansar, es imperativo, si no, te volverás loco; ya estás al borde».

Si haces algo bueno, dirá: «Eres tonto. Haciendo el bien no conseguirás nada, la gente se aprovechará de ti». Si haces algo malo, dirá: «¿Qué estás haciendo? Te estás yendo al infierno, sufrirás por ello». Nunca te dejará tranquilo; hagas lo que hagas, estará ahí condenándote.

Lo que te condena ha sido implantado en ti. Ésta es la mayor calamidad que ha padecido la humanidad. Y hasta que no nos deshacemos de eso en nuestro interior, no podemos ser verdaderamente humanos, no podemos estar verdaderamente contentos ni podemos participar en la celebración que supone la existencia.

Y nadie, excepto tú, puede deshacerse de eso. Además, este problema no sólo es el problema de quien ha hecho la pregunta, es de casi todos los seres humanos. Cualquiera que sea el país en el que hayas nacido, la religión a la que pertenezcas, no importa: católico, comunista, hindú, musulmán, jainista, budista. No importa a qué tipo de ideología pertenezcas, lo esencial es igual. Lo esencial es crear una división en ti, para que una parte siempre condene a la otra. Si sigues una, la otra empieza a condenarte. Estás en un conflicto interno, en una guerra civil.

Hay que abandonar esta guerra, si no, te perderás toda la belleza, toda la bendición de la vida. Nunca serás capaz de reír de todo corazón, de amar, de ser total en nada. Y sólo desde la totalidad se florece, llega la primavera y tu vida empieza a adquirir color, música y poesía.

Sólo desde la totalidad, sentirás la presencia de la divinidad a tu alrededor. Y lo más irónico es que la división ha sido causada por los que llamas santos, sacerdotes e iglesias. De hecho, el sacerdote ha sido el mayor enemigo de la verdadera religiosidad en la tierra.

Tenemos que deshacernos de todos los sacerdotes; ellos son la causa raíz de la patología humana. Han hecho que todo el mundo esté a disgusto, han causado una epidemia de neurosis. Y la neurosis se ha vuelto tan prevalente que la damos por supuesta. Pensamos que de eso se trata la vida, de un sufrimiento largo y retardado, de una dolorosa existencia agonizante; una autobiografía con mucho ruido y pocas nueces.

Y si nos fijamos en nuestra vida, eso parecerá ser verdad, porque no hay ni una sola flor, ni una sola canción en el corazón, ni un rayo de deleite divino.

No es sorprendente que en todo el mundo las personas inteligentes se estén preguntando cuál es el sentido de la vida. «¿Por qué debemos seguir viviendo?, ¿por qué somos tan cobardes que seguimos aquí?, ¿no tenemos un poco de coraje para poner fin a todo este sinsentido?, ¿deberíamos suicidarnos?»

Nunca antes en el mundo ha habido tantas personas que piensen que la vida carece por completo de sentido. ¿Por qué ha ocurrido esto en esta época? No tiene nada que ver con este tiempo. Durante siglos, durante al menos cinco mil años, los sacerdotes han estado dañando la psique humana. Eso ha llegado ahora a su clímax.

No lo hemos hecho nosotros, nosotros somos víctimas de la historia. Si el hombre se volviese un poco más consciente, lo primero que debería hacer sería quemar todos los libros de historia.

Olvida el pasado, no es más que una pesadilla. Empieza desde cero, como si Adán volviese a nacer. Empieza como si, de nuevo, estuviésemos en el Jardín del Edén, inocentes, sin contaminar por los crueles sacerdotes y sus ideas.

Los sacerdotes han sido muy malos, porque descubrieron algo tremendamente significativo para ellos mismos: si divides a una persona, si la vuelves esquizofrénica siempre tendrás poder sobre ella. Un ser humano dividido es un ser humano débil. Una persona no dividida, individual, es fuerte y acepta cualquier aventura, cualquier desafío.

> Un hombre que buscaba una buena iglesia a la que asistir encontró una en la que los congregados estaban leyendo con el sacerdote: «Hemos dejado de hacer las cosas que deberíamos haber hecho y hemos hecho las cosas que no deberíamos hacer».
>
> El hombre se dejó caer en un asiento y suspiró con alivio mientras se decía a sí mismo: «Gracias a Dios, por fin he encontrado a mi gente».

En cualquier iglesia o templo al que vayas encontrarás a tu gente, encontrarás réplicas de tu persona. Puede que el lenguaje sea un poco diferente, que el ritual sea distinto, pero en lo fundamental todas son iguales. Lo trascendental es que el ser humano ha sido reducido a su guerra civil interna.

El día que seas consciente de esto, de lo que te han hecho los sacerdotes, será un día de gran visión. Y el día que te apartes de todo este sinsentido será el día que comience la liberación.

Haz lo que tu naturaleza quiera hacer. Haz lo que tus cualidades intrínsecas deseen. No hagas caso a las escrituras, escucha a tu propio corazón; ésa es la única escritura que yo prescribo. Sí, escucha muy atentamente, muy conscientemente, y nunca te equivocarás. Y escuchando a tu propio corazón nunca estarás dividido. Escuchando a tu propio corazón estarás yendo en la dirección correcta, sin pensar nunca en lo que está bien y lo que está mal.

Así que todo el arte de la nueva humanidad consistirá en escuchar al corazón con atención, consciente y atentamente. Y síguelo como sea, y ve a donde te lleve. Es cierto que algunas veces te pondrá en peligro, pero recuerda, ese peligro es necesario para hacerte madurar. Y algunas veces te extraviará, pero recuerda de nuevo, esos extravíos forman parte del crecimiento. Caerás muchas veces. Vuélvete a levantar, porque así es como uno se hace fuerte, descendiendo y ascendiendo. Así es como uno se siente integrado.

Pero no sigas reglas impuestas desde fuera. Ninguna imposición puede ser correcta porque las reglas las inventa la gente que quiere gobernar. Algunas veces también ha habido grandes personas iluminadas en el mundo: Buda, Jesús, Krisna, Mahoma. Ellos no le han dado reglas al mundo, le han dado su amor. Pero, tarde o temprano, los discípulos se reúnen y empiezan a crear códigos de conducta. En cuanto se va el maestro, en cuanto se pierde la luz y se encuentran en profunda oscuridad, empiezan a buscar reglas que seguir, porque la luz con la que podrían haber visto ya no está presente. Ahora tienen que depender de reglas. Lo que Jesús hacía era seguir el susurro de su propio corazón, pero lo que los cristianos hacen es algo completamente distinto a eso. Son imitadores, y en cuanto copias estás insultando a tu humanidad y a tu Dios.

No seas nunca un imitador, sé siempre original. No te conviertas en una falsificación, aunque eso es lo que está ocurriendo en todo el mundo: copias y más copias.

Si eres original, la vida es realmente una danza. Se supone que debes ser original, y como no hay dos personas iguales, mi forma de vida nunca puede convertirse en tu forma de vida.

Escucha los susurros de tu propio corazón. El corazón habla en voz muy baja, no grita.

Buda es Buda, Krisna es Krisna, y tú eres tú. Y tú no eres, de ningún modo, inferior a nadie. Respétate a ti mismo, respeta a tu propia voz interior y síguela.

Recuerda, no te garantizo que tus susurros siempre te guíen a lo correcto. Muchas veces te llevarán a lo incorrecto, porque para llegar a la puerta correcta uno tiene que tocar en muchas puertas equivocadas. Si, de repente, tropezaras con la puerta correcta no serías capaz de reconocerla como tal.

Al final nunca se desaprovecha un esfuerzo, todo sacrificio contribuye al clímax supremo de tu crecimiento. Así que no titubees, no te preocupes demasiado por equivocarte.

Ése es uno de los problemas: a la gente se le ha enseñado que nunca debe hacer nada equivocado, y tienen tantas dudas, están tan asustados, tan aterrados de equivocarse, que se quedan atascados. No se pueden mover, ya que podría ocurrir algo equivocado. Así que se vuelven como rocas, pierden todo movimiento.

Yo te enseño a cometer tantos errores como sea posible, recordando sólo una cosa: no debes volver a cometer el mismo error. De esa forma crecerás. Extraviarte forma parte de tu libertad; incluso ir contra Dios es parte de tu dignidad. Algunas veces, incluso ir en contra de Dios es hermoso. Así es como empezarás a tener una columna vertebral; por el contrario, hay millones de personas sin columna vertebral.

Mucha gente se enfada conmigo por decir estas cosas. Hace unos días vino a verme un periodista que quería tener ambos puntos de vista: el de los que están a favor y el de los que están en contra. Así que fue por la ciudad y habló con agentes de la policía, fue a ver al alcalde y lo que él dijo fue realmente hermoso, me encantó: «¡Este hombre es tan peligroso que debería ser expulsado no sólo de Puna, sino de la India; incluso del mundo!».

Me encantó. Y empecé a pensar en ello. ¿Adónde me expulsarían del mundo? ¡Ésa es una idea realmente fantástica! Si lo pueden hacer, yo estoy dispuesto.

¿Por qué hay tanta ira? Hay una razón fundamentada y es que estoy intentando darte una visión completamente nueva de vida religiosa, y si la nueva visión triunfa, todas las viejas visiones tendrán que morir.

Olvida todo lo que te han dicho: «Esto es correcto y esto es erróneo». La vida no es tan fija. Lo que es correcto hoy, mañana puede ser erróneo; lo que es erróneo en este momento, al momento siguiente puede ser correcto. No se puede encasillar la vida; no puedes etiquetarla tan fácilmente: «Esto es correcto y esto es erróneo». La vida no es una farmacia en la que cada envase está etiquetado y sabes qué es. La vida es un misterio; en un determinado momento algo encaja y entonces es correcto. En otro determinado momento, ha bajado tanta agua por el Ganges que ya no cabe y eso es malo.

¿Cuál es mi definición de correcto? Lo que es armonioso con la existencia es correcto. Lo que no es armonioso con la existencia es erróneo. Tendrás que estar muy alerta todo el tiempo, porque hay que decidirlo a cada momento. No puedes depender de respuestas prefabricadas para lo que es correcto y lo que es equivocado. Sólo los estúpidos dependen de respuestas prefabricadas, porque así no necesitan ser inteligentes. No hace falta; ya saben lo que es correcto y lo que es erróneo, pueden memorizar una lista que no es muy larga.

Los judíos tienen diez mandamientos, así de simple, saben lo que es correcto y lo que es erróneo. Pero la vida está cambiando continuamente. Si Moisés regresara, no creo que volviera a dar los mismos diez mandamientos, no podría. ¿Cómo iba a volver a dar los mismos mandamientos tres mil años después? Tendría que inventar algo nuevo.

Pero, tal como yo lo entiendo, cualesquiera que sean los mandamientos que se proclamen crearán problemas a la gente, porque inmediatamente después de ser proclamados ya están desfasados. La vida va muy deprisa, es dinámica, no es estática. No es una charca estancada, es un río Ganges que va fluyendo. Nunca es igual en dos momentos consecutivos. Así que una cosa puede ser correcta en este momento y puede no serlo en el instante siguiente.

¿Qué hacer entonces? Lo único, que cada individuo comprenda que son ellos mismos los que pueden decidir cómo responder a una vida cambiante. Contaré una antigua historia zen:

> Había dos templos, rivales. Ambos sacerdotes estaban tan enfrentados que decían a sus discípulos que nunca miraran al otro templo.

Cada sacerdote tenía un niño que le servía, que le traía cosas y le hacía recados. El sacerdote del primer templo le dijo a su niño sirviente: «Nunca hables con el otro niño. Esa gente es peligrosa».

Pero los niños son niños. Un día se encontraron en la calle, y el niño del primer templo le preguntó al otro: «¿Adónde vas?».

El otro le contestó: «A donde el viento me lleve». Debía haber escuchado grandes frases zen en el templo y contestó: «A donde el viento me lleve». Una gran frase, Tao puro.

Pero el primer niño se sintió muy incómodo, ofendido, y no supo qué más decir. Frustrado, enfadado y sintiéndose culpable, pensaba: «Mi maestro me había dicho que no hablara con esa gente porque es realmente peligrosa. Pero ¿qué clase de respuesta fue ésa? Me ha humillado».

Volvió con su maestro y le contó lo que había pasado. «Siento haber hablado con él. Tenías razón, esa gente es extraña. ¿Qué clase de respuesta es ésa? Le pregunté a dónde iba, una pregunta simple; además, sabía que iba al mercado, igual que yo. Pero me contestó: "A donde el viento me lleve"».

El maestro le dijo: «Te lo advertí, pero no me hiciste caso. Ahora, debes hacer lo siguiente: mañana ve al mismo lugar y espéralo. Cuando llegue, le harás la misma pregunta y él te contestará: "A donde el viento me lleve". Entonces, tú deberás ser un poco más filosófico y decirle: "¿Y si no tuvieras piernas, a dónde irías? ¡Porque el alma es inmaterial y el viento no puede llevarse el alma a ninguna parte!"».

Completamente preparado, se pasó toda la noche ensayándolo una y otra vez. Y a la mañana siguiente, muy temprano, fue al lugar, esperó en el sitio adecuado, y a la hora exacta, hasta que llegó el otro niño. Estaba muy contento, ya que le iba a enseñar lo que era la verdadera filosofía. Así que le preguntó: «¿Adónde vas?» Y esperó...

Pero el otro niño le contestó: «Voy por verduras al mercado».

¿Qué podía hacer con toda la filosofía que se había preparado?

La vida es así. No te puedes preparar para ella, no puedes estar listo para ella. Su belleza, su maravilla es tal que siempre te toma desprevenido, siempre llega por sorpresa. Si tienes ojos, verás que cada momento es una sorpresa y ninguna respuesta preparada jamás es aplicable.

Y todas las viejas religiones te han proporcionado respuestas preparadas. Manu dio sus mandamientos, Moisés dio sus mandamientos, y así, uno tras otro.

Yo no te doy ningún mandamiento. De hecho, la propia palabra mandamiento es horrible. Dar órdenes a alguien es reducirlo a esclavo. Yo no te doy ninguna orden, no tienes que obedecerme, ni a mí ni a nadie más. Yo simplemente les enseño una ley intrínseca de la vida. Obedécete a ti mismo, sé una luz para ti mismo, sigue la luz y este problema nunca surgirá. Entonces, aquello que hagas será lo que hay que hacer, y aquello que no hagas será lo que no hay que hacer.

Y recuerda, no debes mirar atrás porque la vida va cambiando. Mañana quizá empieces a pensar que lo que hiciste ayer fue erróneo. Ayer no era erróneo, pero mañana puede parecerlo. No es necesario mirar atrás; la vida continúa. Hay muchos conductores que van mirando por el espejo retrovisor. Conducen hacia delante pero miran hacia atrás; su vida será una catástrofe.

Mira adelante. El camino que has pasado, lo has pasado. Se acabó, no sigas con él a cuestas. No te lastres innecesariamente con el pasado. Ve cerrando los capítulos que hayas leído; no es necesario volver atrás una y otra vez. Y nunca juzgues nada del pasado a través de la nueva perspectiva que estás viviendo, porque lo nuevo es nuevo, incomparablemente nuevo. Lo antiguo fue correcto en su propio contexto, y lo nuevo es correcto en su contexto, y son incomparables.

Lo que estoy intentando explicarte es: ¡abandona la culpa!, porque ser culpable es vivir en el infierno. No siendo culpable, tendrás la frescura del rocío bajo los primeros rayos del sol, tendrás la frescura de los pétalos del loto en el lago, tendrás la frescura de las estrellas en la noche. En cuanto desaparezca la culpa, tendrás una vida completamente distinta, luminosa y radiante. Habrá una danza en tus pies y tu corazón cantará miles de canciones.

Vivir en tal regocijo es ser un *sannyasin*; vivir en tal dicha es vivir una vida divina. Vivir agobiado por la culpa es, simplemente, ser explotado por los sacerdotes.

Sal de tu propia prisión —hindú, cristiana, musulmana, jainista, budista, comunista—. Sal de todas tus prisiones, de todas tus ideologías porque te proporcionan respuestas preparadas. Si le preguntas algo a un comunista, consultará *El capital*. Del mismo modo, si le preguntas a un hindú, repasará las páginas del Gita.

¿Cuándo vas a utilizar tu propia conciencia? ¿Cuándo? ¿Cuánto tiempo vas a permanecer atado al pasado muerto? El Gita fue escrito hace cinco mil años; la vida ha cambiado muchísimo. Si quieres leer el Gita, léelo como hermosa literatura, pero sólo como eso, nada más. Es hermosa literatura, hermosa poesía, pero no tiene dictámenes ni mandamientos que seguir. Disfrútalo como un regalo del pasado, como un obsequio de un gran poeta, Vyasa. Pero no lo conviertas en una disciplina para tu vida; es completamente irrelevante.

Y todo acaba siendo irrelevante, porque la vida nunca permanece inalterable. Continúa y cruza todos los límites, todas las fronteras, es un proceso infinito. El Gita se detuvo en algún punto, el Corán se para en algún punto, pero la vida nunca se detiene. Recuérdalo.

Y la única forma de estar en contacto con la vida es tener un corazón no culpable, un corazón inocente. Olvídate de todo lo que te hayan dicho, de lo que hay que hacer y lo que no hay que hacer. Nadie más puede decidir por ti.

Evita a esos presuntuosos que deciden por ti; toma las riendas en tus propias manos. Tienes que decidir. De hecho, tu alma nace en ese mismo decidir. Cuando otros deciden por ti, tu alma permanece dormida, embotada. Cuando empiezas a decidir por ti mismo, surge cierta agudeza. Decidir significa tomar riesgos; significa que puedes equivocarte. ¿Quién sabe lo que puede ocurrir? Ése es el riesgo, no hay ninguna garantía.

Con lo antiguo hay cierta garantía. Millones y millones de personas lo han seguido. ¿Cómo va a estar equivocada tanta gente? Ésa es la garantía. Si tantísima gente dice que es correcto, tiene que ser correcto.

De hecho, la lógica de la vida es justo lo opuesto. Si hay mucha gente siguiendo algo en particular, puedes estar seguro de que es erróneo, porque tanta gente no está iluminada, no puede estarlo. La mayoría está conformada por necios, totalmente necios. Ten cuidado con la mayoría. Que tanta gente esté siguiendo algo es prueba fehaciente de que eso es erróneo.

La verdad le ocurre al individuo, no a las masas. ¿Has oído alguna vez que una masa se iluminará? La verdad le sucede a un Tilopa, a un Atisha, a un Nanak, a un Kabir, a un Farid.

La verdad le ocurre al individuo.

Asume todos los riesgos necesarios para ser un individuo y acepta los desafíos para que puedan aguzarte, para que puedan darte brillantez e inteligencia.

La verdad no es una creencia, es pura inteligencia; es un estallido de las fuentes ocultas de tu vida, es una experiencia iluminadora de tu conciencia. Pero tú tendrás que proporcionar el espacio adecuado para que eso ocurra. Y lo adecuado es aceptarte a ti mismo tal como eres, no reniegues de nada, no te dividas, no te sientas culpable.

¡Goza! Y te digo de nuevo, sé tal como eres.

Siempre me da miedo estar solo, porque cuando estoy solo empiezo a preguntarme quién soy yo. Tengo la sensación de que, si profundizo en la pregunta, descubriré que no soy la persona que he creído ser durante los últimos veintiséis años, sino un ser, presente en el momento del nacimiento y puede que también en el momento anterior. Por alguna razón, eso me aterra. Es como algún tipo de locura, hace que me sumerja en cosas externas para sentirme más seguro. ¿Quién soy yo y por qué el miedo?

Ése no sólo es tu miedo, es el miedo de todo el mundo. Porque nadie es lo que la existencia esperaba de él. La sociedad, la cultura, la religión, la educación, todas esas cosas han estado conspirando en contra de los niños inocentes. Ellos tienen todo el poder, mientras que un niño está indefenso, es dependiente, así que pueden hacer con él lo que quieran. A ningún niño le permiten crecer hasta su destino natural. Su única labor es convertir a los seres humanos en utilidades.

Si se deja a un niño crecer libremente, ¿quién sabe si será de utilidad para los intereses privados? La sociedad no está dispuesta a asumir el riesgo. Se apodera del niño y empieza a moldearlo, a convertirlo en algo que la sociedad necesita. En cierto sentido, destruye el alma del niño y le da una falsa identidad para que nunca añore su alma, su ser. La falsa identidad es un sustituto, que sólo es útil en la misma masa que lo ha creado. En cuanto estás solo, lo falso empieza a desmoronarse; y lo real, reprimido, empieza a expresarse. De ahí el miedo a estar solo.

Nadie quiere estar solo. Todo el mundo quiere pertenecer a un grupo, y no sólo a uno, sino a muchos. Una persona pertenece a un colectivo religioso, a un partido político, a una sociedad rotatoria y a muchos otros pequeños grupos. Uno quiere sentirse respaldado las veinticuatro horas del día porque lo falso no se puede sostener sin apoyo. En cuanto uno está solo, empieza a sentir una extraña locura. Eso es lo que te estás preguntando, porque durante veintiséis años has creído ser alguien y, de repente, en un momento de soledad, empiezas a sentir que tú no eres lo que creías ser. Lo cual da miedo, ¿quién eres tú, entonces?

Después de veintiséis años de supresión..., a lo real le tomará algún tiempo expresarse.

Al espacio entre los falso y lo real, los místicos lo han llamado «la noche oscura del alma», una expresión muy apropiada. Ya no eres lo falso pero todavía no eres lo real. Estás en un limbo, no sabes quién eres. Particularmente en Occidente el problema es aún más complicado. Porque Occidente no ha desarrollado ninguna metodología para descubrir lo real en el menor tiempo posible, para que la duración de la noche oscura del alma sea más corta. En lo concerniente a la meditación, Occidente no tiene ni idea. Meditación es sólo una forma de definir el estar solo, en silencio, esperando que lo real se afirme. No es un acto, es una relajación silenciosa, porque hagas lo que «hagas» saldrá de tu falsa personalidad. Todo lo que has hecho en veintiséis años ha salido de ella; es un viejo hábito.

Los hábitos son difíciles de eliminar.

Había un gran místico en la India, Eknath. Partió a una peregrinación sagrada con todos sus discípulos en un viaje que iba a durar de tres a seis meses. Un hombre se le acercó, se postró a sus pies y le dijo: «Sé que no soy digno. Tú también lo sabes, todo el mundo me conoce. Pero sé que tu compasión es mayor que mi indignidad. Por favor, acéptame a mí también como miembro del grupo en la peregrinación sagrada».

Eknath le dijo: «Eres un ladrón, y no un vulgar ladrón, sino un maestro ladrón. Nunca has sido capturado, a pesar de que todo el mundo sabe que eres un ladrón. Y aunque me apetece llevarte conmigo, también tengo que pensar en las otras cincuenta personas que me acompañan. Tendrás que prometerme que sólo durante el tiempo que dure el peregrinaje, no te pido más, no robarás. Después, tú decidirás. En cuanto regresemos a casa, quedarás libre de tu promesa».

El hombre le contestó: «Estoy totalmente dispuesto a prometerlo y, además, enormemente agradecido por tu compasión».

Las otras cincuenta personas estaban recelosas. ¿Confiar en un ladrón...? Pero no le podían decir nada a Eknath porque era el maestro. El peregrinaje comenzó y desde la primera noche hubo problemas. La mañana siguiente fue un caos: uno no encontraba el manto, otro no encontraba la camisa, otro no encontraba su dinero. Y todo el mundo gritaba: «¿Dónde está mi dinero?, ¿dónde está mi manto?» Y todos le dijeron a Eknath: «Desde el principio nos ha preocupado que te acompañara este hombre. Un hábito dura toda la vida...». Pero luego empezaron a buscar y descubrieron que, en realidad, las cosas no habían sido robadas. El dinero que le faltaba a uno se encontraba en la bolsa de otro. El manto que le faltaba a uno, estaba en el equipaje de otro; lo encontraron todo... Cada mañana era un problema innecesario, nadie se podía imaginar qué sentido tenía. Estaba claro que no era el ladrón, porque, en realidad, no habían robado nada.

La tercera noche, Eknath se quedó despierto para ver lo que pasaba. En plena noche, el ladrón, como de costumbre, se levantó y empezó a cambiar las cosas de un lugar a otro. Eknath le detuvo y le dijo: «¿Qué estás haciendo?, ¿has olvidado tu promesa?».

Él le contestó: «No, no he olvidado mi promesa. ¡No estoy robando nada! Pero no he prometido que no cambiaría las cosas de lugar. Dentro de seis meses tengo que volver a ser ladrón; esto sólo es entrenamiento. Además, tienes que entender que se trata de un hábito de toda la vida, y no puedo dejarlo como si nada. Dame tiempo. Tú también deberías ser comprensivo con mi problema. En estos tres días no he robado ni una sola cosa, ¡es como ayunar! Esto es tan sólo un sustituto para mantenerme ocupado. Normalmente, éstas son mis horas de trabajo, en plena noche, así que me resulta muy difícil acostarme. Estoy despierto, mientras hay tantos idiotas durmiendo... No le hago daño a nadie. Mañana por la mañana encontrarán sus cosas».

Eknath le dijo: «Eres un hombre extraño. Ves que cada mañana hay un gran caos, todos pierden dos o tres horas buscando las cosas, imaginando dónde las habrás puesto, dónde habrán ido a parar. Tienen que abrirlo todo e ir preguntando ¿de quién es esto?».

El ladrón le respondió: «Ésa es la concesión que tienes que hacerme».

Veintiséis años de una falsa personalidad impuesta por las personas que amas, que respetas, y no tenían intención de hacerte ningún mal. Sus intenciones eran buenas, sólo que su conciencia era nula. No eran personas conscientes. Tus padres, tus profesores, tus sacerdotes, tus políticos no eran personas conscientes, eran inconscientes. Y en manos de una persona inconsciente incluso una buena intención resulta venenosa.

Así que, cuando estás solo, surge un miedo profundo porque, de repente, lo falso empieza a desaparecer. Y lo real aún tardará un tiempo. Lo has perdido hace veintiséis años; por lo tanto hay que salvar una distancia de veintiséis años.

Sentirás miedo: «estoy perdiéndome a mí mismo, mis sentidos, mi cordura, mi mente, todo», porque el yo, que te ha sido dado por otros, consiste en todas estas cosas, y te parecerá que te vas a volver loco. Inmediatamente, empiezas a hacer algo para mantenerte ocupado. Puedes hacer algo para mantener lo falso ocupado y así evitar que empiece a desaparecer.

Por eso a la gente los días festivos le resultan los más complicados. Trabajan durante cinco días con la esperanza de que descansarán el fin de semana. Pero el fin de semana es el peor periodo que existe, es cuando ocurren más accidentes, hay más suicidios, hay más asesinatos, más robos, más violaciones. ¡Qué extraño!, esas personas han estado ocupadas durante cinco días y no ha habido ningún problema. Pero, de repente, el fin de semana les plantea una elección, ocuparse en algo o descansar, pero relajarse les da miedo; la personalidad falsa desaparece. Mantente ocupado, haz cualquier tontería. La gente se apresura hacia las playas, recorren kilómetros y kilómetros en medio de una larga caravana. Si les preguntas adónde van, te dirán que se están «alejando de la masa». ¡Y toda la masa va con ellos! Van en busca de un lugar tranquilo y solitario... todos ellos.

De hecho, si se hubieran quedado en casa estarían más solos y en silencio, porque todos los idiotas se han ido en busca de un lugar solitario. Además, llevan una prisa de mil diablos, porque dos días se acaban pronto y tienen que llegar, ¡no preguntes a dónde!

Y las playas están repletas de gente, incluso más que los mercados. Y lo más extraño es que la gente se siente muy cómoda tomando el sol. Diez mil personas en una playa pequeña asoleándose y descansando.

La misma persona en la misma playa, sola, sería incapaz de relajarse. Pero sabe que hay miles de personas descansando a su alrededor. Las mismas personas que estaban en las oficinas, en las calles, en el mercado, ahora están en la playa.

La masa es esencial para la existencia del yo falso. En cuanto el individuo se queda solo, empieza a delirar.

Ahí es donde uno debería hacer un poco de meditación.

No te preocupes, porque lo que puede desaparecer merece desaparecer. No tiene sentido aferrarse a ello; no es tuyo, no es tú. Tú eres el ser fresco, inocente e impoluto que surge en lugar del falso cuando éste se ha ido.

Nadie más puede responder a tu pregunta «¿Quién soy yo?». Eso lo sabrás.

Todas las técnicas meditativas son una ayuda para romper lo falso. No te dan lo real, porque lo real no puede ser dado.

Lo que puede ser dado no puede ser real. Lo real ya lo tienes; sólo hay que quitar lo falso.

De otra forma, se podría decir que el maestro te quita cosas que no tienes, y te da aquello que tienes.

La meditación no es más que el valor de estar en silencio y solo. Poco a poco, empiezas a sentir una nueva cualidad en ti mismo, una nueva vitalidad, una nueva belleza, una nueva inteligencia que no es dada por nadie, que crece dentro de ti. Tiene raíces en tu existencia y, si no eres cobarde, llegará a dar frutos, florecerá.

Sólo los fuertes, los valientes, los que tienen agallas, pueden ser religiosos. Los que van a la iglesia son cobardes. Los hindúes, los musulmanes, los cristianos, son contrarios a la búsqueda. Todos ellos pertenecen a la misma masa, y están intentando consolidar más sus falsas identidades.

Al nacer, llegaste al mundo con vida, con conciencia, con una enorme sensibilidad. Fíjate en los niños pequeños, observa sus ojos, en su frescura. Todo eso ha sido cubierto por una personalidad falsa.

No hay por qué tener miedo. Sólo puedes perder lo que hay que perder. Y es bueno perderlo pronto, porque cuanto más tiempo permanece más fuerte se vuelve. Y uno no sabe lo que puede pasar mañana. No mueras antes de realizar tu ser auténtico.

Son pocas las personas que han sido afortunadas de vivir con ser auténtico y que han muerto con ser auténtico, porque ellos saben que la vida es eterna y que la muerte es una ficción.

▨ Yo tengo preguntas, pero nunca están completas, no sé cómo preguntar.

Nunca ninguna pregunta está completa, porque para ello tendría que contener la respuesta. La pregunta es incompleta por su propia naturaleza. Es un deseo, un anhelo, una indagación, porque algo necesita ser completado.

La necesidad de la totalidad forma parte de la conciencia humana. Si dejas algo incompleto, se convertirá en una obsesión; si lo completas, te librarás de ello. La totalidad trae consigo libertad.

Por lo tanto, no son sólo tus preguntas las que están incompletas. Tú estás más alerta ya que has visto que toda pregunta es incompleta.

En segundo lugar, no sabes qué preguntar. ¡Nadie lo sabe! Todas nuestras preguntas provienen de nuestra ignorancia, de nuestro inconsciente, de nuestra alma oscura. Nadie sabe exactamente cuál es su pregunta, qué es lo esencial que se debe preguntar, porque en cuanto sepas cuál es tu pregunta, inmediatamente encontrarás la respuesta en tu interior.

Estar absolutamente seguro de la pregunta significa que la respuesta no está muy lejos. Está muy cerca, porque la seguridad proviene de la respuesta, no de la pregunta.

No obstante, una persona tiene que preguntar. Aunque todas las preguntas sean incompletas y no se sepa qué preguntar, todo el mundo tiene que preguntar porque no podemos quedarnos en silencio. Es posible no preguntar, aunque eso no significa que no tengas preguntas, simplemente significa que no estás formulándolas. Quizá por miedo a quedar expuesto, porque cada pregunta señalará tu ignorancia.

Hay millones de personas que nunca preguntan por la sencilla razón de que, si permanecen en silencio, al menos parecen sabios. Preguntar es mostrar tus heridas, es mostrar todos los puntos oscuros de tu ser. Requiere coraje.

En segundo lugar, hay preguntas que no provienen de tu ignorancia, sino de conocimientos prestados, y éstas son las peores preguntas que existen.

Una pregunta que proviene de la ignorancia es inocente, tiene pureza. Es impoluta, incorrupta; muestra tu valor, tu confianza. Pero hay preguntas que provienen de conocimientos prestados. Has oído muchas cosas, has leído muchas cosas, has recibido información por parte de tus padres, profesores, sacerdotes, políticos —todo tipo de demagogos y de presuntos conocedores—, y tú has estado recogiendo toda su basura.

Un amigo me ha enviado un hermoso regalo, una papelera muy original, con una nota: «Osho, si sientes que mis preguntas sólo son basura, tíralas en esta papelera. No hace falta que las contestes».

Las preguntas que provienen del conocimiento son basura.

No sabes nada de Dios ni del universo; no sabes nada del alma, de la reencarnación, de las vidas futuras o de las vidas pasadas. Todo lo que sabes es de oídas. La gente habla cerca de ti y tú vas recogiendo todo tipo de información que te parece importante. ¿Por qué parece importante? Porque cubre tu ignorancia. Te ayuda sentir como si supieras. Pero recuerda: no sabes, es sólo *como si* supieras.

Todas las sagradas escrituras, todos los libros de filosofía y de teología deberían ser clasificados en la categoría *como si*. ¡Hablan de cualquier cosa imaginable de la que no saben nada! Pero son intelectuales imaginativos que se expresan muy bien y que pueden crear sistemas de la nada.

Por eso ningún filósofo está de acuerdo con otro filósofo. Y cada filósofo cree que ha descubierto el sistema completo que lo explica todo en el mundo, mientras todos los demás se ríen de él. Hay miles de fallos en su sistema, pero en lo concerniente a ellos mismos, cometen el mismo error: declaran que su sistema es completo y que ya no ha lugar a posteriores investigaciones.

Y lo más extraño es que las mismas personas que son expertas en ver los fallos de los demás sean incapaces de ver los fallos en su propio sistema. Es posible que no los quieran ver. Pero están ahí, todos los demás pueden verlos; es imposible que ellos mismos no los vean. Los ignoran con la esperanza de que nadie los note.

Todas las filosofías han fracasado. Todas las religiones han fracasado. En tu mente llevas las ruinas de todas las filosofías y de todas las religiones, y de esas ruinas surgen preguntas. Esas preguntas son insignificantes; no deberías formularlas. Sólo muestran tu estupidez.

Pero las preguntas que surgen de tu ignorancia, como las preguntas un de niño, son incompletas; no son grandes preguntas, pero son de una enorme importancia.

Un día, D. H. Lawrence estaba paseando con un niño por un jardín, y éste no dejaba de hacerle continuamente todo tipo de preguntas. D. H. Lawrence, que era uno de los hombres más sinceros de su tiempo, condenado por gobiernos y sacerdotes por decir la verdad, no estaba dispuesto a ser diplomático o hipócrita, no transigiría. Incluso frente a este niño dio muestras de una auténtica sinceridad, que ni siquiera grandes santos han mostrado.

El niño preguntó: «¿Por qué los árboles son verdes?» Una pregunta muy simple, pero muy profunda. Todos los árboles son verdes, ¿por qué?, ¿qué pasa con los árboles? Habiendo tantos colores disponibles, por ejemplo los del arcoíris, algunos árboles podrían ser amarillos, otros rojos, otros azules. ¿Por qué todos los árboles han elegido ser verdes?

D. H. Lawrence como cualquier padre, profesor, sacerdote o cualquier persona le hubiera contestado con alguna mentira: «Dios los hizo verdes porque el verde resulta muy llamativo para los ojos». Pero eso habría sido un engaño, una mentira. D. H. Lawrence no sabía nada acerca de Dios, ni de por qué los árboles son verdes.

De hecho, ni siquiera un biólogo que haya estado estudiando los árboles lo sabe, aunque pueda explicar que los árboles son verdes debido a un determinado elemento, la clorofila; ésa no es respuesta para un niño. Simplemente, volvería a preguntar: «¿¿Por qué todos los árboles han elegido la clorofila?». Ésa no es una respuesta satisfactoria.

D. H. Lawrence cerró los ojos y esperó un momento en silencio... ¿Qué podía decir? No quería engañar a un niño inocente; aunque fuese una pregunta corriente y cualquier respuesta sería válida. Pero la pregunta proviene de la inocencia; por eso es tan profunda. D. H. Lawrence abrió los ojos, miró a los árboles y le dijo al niño: «Los árboles son verdes porque son verdes».

El niño replicó: «Claro. Yo estaba pensando lo mismo».

D. H. Lawrence lo recordó en sus memorias: «Para mí fue una gran experiencia, el amor y la confianza que el niño me mostró de pura sinceridad. Mi respuesta según los lógicos fue una tautología. "Los arboles son verdes porque son verdes"... ¿es eso una respuesta?».

De hecho, D. H. Lawrence estaba aceptando: «Hijo, soy tan ignorante como tú. El hecho de que haya una diferencia de edad no significa que yo sepa y tú no». La diferencia de edad no es la diferencia entre la ignorancia y la sabiduría.

Que los árboles sean verdes forma parte del misterio de toda la existencia. Las cosas son lo que son. Una mujer es una mujer, un hombre es un hombre. Una rosa es una rosa; la llames como la llames, seguirá siendo una rosa.

Esta anécdota oculta una enorme belleza.

Haz una pregunta, pero no desde el conocimiento, porque todo ese conocimiento es prestado, infundado, puro desperdicio. Formula tu pregunta desde tu ignorancia. Recuerda, la ignorancia es tuya; siéntete orgulloso de ella. El conocimiento no es tuyo. ¿Cómo vas a sentirte orgulloso de él?

No se trata de cubrir la ignorancia. Se trata de traer algo de luz para que la ignorancia y la oscuridad desaparezcan.

No puedo darte ninguna respuesta mejor que D. H. Lawrence, pero puedo darte otra cosa que Lawrence no vislumbró. Puedo darte un espacio, un silencio en el que puedas reconocer el misterio por ti mismo.

Tú, simplemente, pregunta, cualquiera que sea tu pregunta. Sólo recuerda: no preguntes desde tu conocimiento, pregunta desde tu auténtica ignorancia.

En realidad, mis respuestas no son respuestas. Mis respuestas son asesinas, simplemente matan las preguntas; no te dan ninguna respuesta a la que te puedas agarrar.

Y ésa es la diferencia entre un profesor y un maestro: el profesor te da respuestas para que puedas retenerlas y seguir siendo ignorante; hermosas y adornadas en la superficie, bibliotecas llenas de respuestas, pero por debajo, bajo la superficie hay una ignorancia abismal. El maestro simplemente mata tus preguntas. No te da una respuesta, elimina la pregunta.

Escucha atentamente lo que estoy diciendo: si se pudieran eliminar todas tus preguntas, tu ignorancia desaparecería, y lo que quedaría sería inocencia. Y la inocencia es una luz en sí misma.

En esa inocencia, no eres consciente de ninguna pregunta, de ninguna respuesta, porque todo el ámbito de preguntas y respuestas ha quedado atrás. Se ha vuelto irrelevante, lo has transcendido. Eres un ser puro de preguntas y respuestas. Este estado es iluminación. Y si eres lo bastante valiente, puedes ir incluso más allá.

Esto te proporcionará todas las maravillosas experiencias descritas por los místicos a través de los tiempos: tu corazón danzará con éxtasis, todo tu ser se convertirá en un hermoso amanecer... miles de lotos floreciendo en ti.

Si quieres, puedes hacer tu hogar aquí.

En el pasado, la gente se ha quedado aquí, porque ¿dónde vas a encontrar un lugar mejor? Gautama Buda llamó a este lugar el «Paraíso del Loto».

Pero si has nacido buscador te sugiero que descanses un poco, que disfrutes de todas las maravillas de la iluminación, pero no te quedes para siempre.

Ve más allá, porque la vida, su viaje es interminable y ocurrirán muchas más cosas absolutamente indescriptibles.

La experiencia de la iluminación sobrepasa toda descripción, sin embargo, ha sido descrita por todos aquellos que la han experimentado. Todos ellos dicen que está más allá de la descripción pero, aun así, la describen: está llena de luz, llena de dicha, es la felicidad suprema. Si esto no es una descripción, entonces ¿qué es?

Lo estoy diciendo por primera vez: durante miles de años, las personas que se han iluminado han estado diciendo que no se puede describir, y, al mismo tiempo, han estado describiéndolo, cantándolo toda su vida. Pero más allá de la iluminación, sin duda, entras en un mundo indescriptible. Porque en la iluminación todavía estás; de no ser así, ¿quién siente la felicidad, quién ve la luz? Kabir dice: «... como si hubiesen salido miles de soles». ¿Quién lo está viendo?

La iluminación es la experiencia suprema, pero todavía es una experiencia, y sólo hay un individuo experimentador.

Más allá, no hay nadie que lo haya experimentado. Te disuelves.

Al principio, intentabas disolver tus problemas; ahora te disuelves tú porque, existencialmente, el problema eres tú. Tu separación de la existencia es la única cuestión a resolver.

Pierdes tus fronteras, ya no eres. ¿Quién está ahí para experimentar?

Se necesita un gran valor para renunciar al ego con el fin de conseguir la iluminación. Necesitarás un millón de veces más valor para renunciar a ti mismo con el fin de alcanzar el más allá, y el más allá es real.

dos

EN BUSCA DE SENTIDO

La vida está en el vivir. No es una cosa, es un proceso.

No hay forma de llegar a la vida excepto viviéndola, estando vivo, fluyendo con su corriente.

Buscar el sentido de la vida en algún dogma, en alguna filosofía, en alguna teología, es la forma segura de perderse ambas cosas: la vida y el sentido.

La vida no está esperándote en alguna parte, está ocurriendo en ti. No está en el futuro como una meta a la que llegar, está aquí y ahora, en este mismo momento, en tu respiración, circulando en tu sangre, latiendo en tu corazón. ¿Qué quiero?

Nadie lo sabe exactamente, porque nadie es siquiera consciente de quién es. La cuestión de querer es secundaria; la pregunta básica es: ¿Quién eres tú? Desde ahí se pueden plantear las cosas: cuáles serán tus deseos, tus aspiraciones, tus ambiciones.

Si eres un ego, por supuesto, quieres dinero, poder, prestigio. Tu vida tendrá una estructura política. Estarás luchando constantemente con otras personas, serás competitivo; ambición significa competición. Estarás atacando a los demás continuamente y ellos te estarán atacando a ti. Entonces, la vida se ajusta a lo que Charles Darwin definió como la supervivencia del más fuerte. De hecho, el uso de la expresión «más fuerte» no es correcto. A lo que realmente se refería en lugar del más fuerte era el más astuto, el más animal, el más terco, el más horrible. Charles Darwin no diría que Buda es el más fuerte, o que Jesús o Sócrates es el más fuerte. A ellos los asesinaron fácilmente, y quienes lo hicieron sobrevivieron. Jesús no pudo sobrevivir, así que, según Darwin, Jesús no es la persona más fuerte. Poncio Pilatos era mucho más fuerte, se ajusta más a la descripción de Darwin. Sócrates no era el más fuerte, sino las personas que lo envenenaron, que lo condenaron a muerte. La expresión de Darwin «más fuerte» es desafortunada.

Si estás viviendo en el ego, tu vida será una lucha; será violenta y agresiva. Causarás desdicha a los demás y también a ti, porque una vida de conflicto no puede ser de ninguna otra forma. Así que depende por completo de ti, de quién eres tú.

Si eres el ego, si todavía piensas en ti mismo en términos de ego, te rodeará cierta pestilencia. Mientras que si has llegado a entender que no eres el ego, tu vida emanará cierta fragancia. Si no te conoces a ti mismo, estás viviendo desde la inconsciencia, y una vida de inconsciencia sólo puede ser una vida de malentendidos. Puedes escuchar a Buda, puedes escucharme a mí, puedes escuchar a Jesús, pero interpretarás conforme a tu propio inconsciente: malinterpretarás.

El cristianismo es la malinterpretación de Jesús, igual que el budismo es la malinterpretación de Buda, y el jainismo, la malinterpretación de Mahavira. Todas estas religiones son malinterpretaciones, distorsiones, porque la gente que sigue a Buda, Mahavira o Krisna, son personas corrientes sin ninguna conciencia. Hagan lo que hagan, salvarán la letra y matarán el espíritu.

> Un filósofo estaba dando un paseo por un parque y se fijó en un hombre sentado en postura de loto, con los ojos abiertos, mirando al suelo. El filósofo observó que el hombre estaba completamente absorto en su mirada hacia abajo. Tras observarle un buen rato, el filósofo no pudo resistirse más, se acercó a aquel hombre extraño y le preguntó: «¿Qué está buscando? ¿Qué está haciendo?».

El hombre, sin cambiar su mirada, le contestó: «Estoy siguiendo la tradición zen de sentarse en silencio sin hacer nada. Luego, llega la primavera y la hierba crece por sí sola. Estoy intentando observar cómo la hierba crece por sí sola, ¡y no está creciendo en absoluto!».

No hace falta observar a la hierba creciendo, pero eso es lo que siempre ocurre. Jesús dice una cosa, la gente sólo oye las palabras y les da su propio sentido.

Una madre llevó a su hijo al psiquiatra y, durante al menos tres horas, le estuvo contando toda la historia de su hijo. El psiquiatra se estaba cansando, hartando, pero la mujer estaba tan absorta en la charla que ni siquiera le daba al psiquiatra la oportunidad de interrumpirla. Una frase seguía a la otra sin pausa.

Finalmente, el psiquiatra tuvo que decir: «¡Por favor, pare!, ¡déjeme preguntarle algo a su hijo!».

Y le preguntó al niño: «Tu madre se queja de que no escuchas nada de lo que te dice. ¿Tienes problemas de audición?».

El niño dijo: «No, no tengo ningún problema, mis oídos están perfectamente, pero respecto a escuchar, puede juzgar por usted mismo. ¿Puede escuchar a mi madre? Yo puedo oír. He estado observándolo, incluso usted estaba inquieto. Uno tiene que oír, pero escuchar... al menos soy libre de hacerlo o no. Eso depende de mí. Si me grita, oír es inevitable, pero escuchar es algo completamente diferente».

Tú has oído pero no has escuchado, y toda clase de distorsiones se han ido acumulando. Y la gente repite esas palabras sin la menor idea de lo que está diciendo.

Me preguntas: «¿Qué quiero?» En vez de preguntarme tú a mí, debería preguntarte yo a ti, porque depende de donde estés. Si estás identificado con el cuerpo, entonces querrás algo diferente; lo único que querrás, tus únicos deseos serán la comida y el sexo. Estos dos deseos son animales, los más bajos. No estoy condenándolos al definirlos como los más bajos, no los estoy evaluando, simplemente estoy constatando el peldaño más bajo de la escalera. Si estás identificado con la mente, tus deseos serán diferentes: música, danza, poesía, miles de cosas...

El cuerpo es muy limitado; sus preocupaciones son sencillas: comida y sexo. Se mueve como un péndulo entre estas dos cosas, comida y sexo, no hay nada más para él. Pero si estás identificado con la mente, ésta tiene muchas dimensiones. Puede interesarte la filosofía, la ciencia, la religión... puede interesarte todo lo que puedas imaginar.

Si estás identificado con el corazón, tus deseos serán de una naturaleza aún más elevada que la de la mente. Te volverás más estético, más sensible, más alerta, más cariñoso. La mente es agresiva, el corazón es receptivo. La mente es masculina, el corazón es femenino. La mente es lógica, el corazón es amor.

Así que depende de donde estés tú: en el cuerpo, en la mente o en el corazón. Éstos son los tres puntos básicos desde los que uno puede funcionar. Pero, además, hay un cuarto. En Occidente se le llama *turiya*, que simplemente significa el cuarto, el trascendental. Cuando eres consciente de tu trascendencia, todos los deseos desaparecen. Entonces, uno simplemente es, sin ningún deseo, sin nada que preguntar, que satisfacer. No existe el pasado ni el futuro. Uno vive en el momento, plenamente contento, satisfecho.

En el cuarto, tu loto de mil pétalos se abre; te vuelves divino.

Me preguntas: «¿Qué quiero?» Eso simplemente muestra que ni siquiera sabes quién eres, en qué punto estás. Tendrás que averiguarlo en tu interior, no es muy difícil. Si la comida y el sexo toman la mayor parte de tu energía, entonces, ahí es donde estás identificado. Si es algo relacionado con pensar, entonces, es la mente; si está relacionado con los sentimientos, entonces, es el corazón.

Y, por supuesto, lo cuarto no puede ser; de ser así, ¡la pregunta no hubiese surgido!

Por lo tanto, en lugar de contestarte, me gustaría preguntarte a ti dónde estás. ¡Indaga!

Tres cerdos entraron en un bar. El primero pidió una bebida y preguntó por el sanitario. El segundo cerdo también pidió una bebida y le preguntó al camarero por el sanitario. Más tarde, el tercer cerdo se acercó a la barra y pidió una bebida.

—¿No quieres saber dónde está el sanitario? —le preguntó con desdén el camarero.

—¡No! —replicó el pequeño cerdo—. ¡Yo soy el que va haciendo «oinc, oinc...» todo el camino a casa!

Yo debería preguntarte: «¿Dónde estás?, ¿qué clase de identificación es la tuya?, ¿en qué punto estás?». Sólo entonces se pueden aclarar las cosas, pero no es difícil.

Lo que ocurre es que una y otra vez la gente hace preguntas hermosas, especialmente los indios. Puede que estén en su centro del sexo, pero preguntarán acerca del samadhi. Preguntarán: «¿Qué es Nirvikalpa Samadhi, donde todos los pensamientos desaparecen, esa conciencia sin pensamientos?, ¿qué es Nirbeej Samadhi, donde incluso las semillas de cualquier futuro son completamente calcinadas?, ¿cuál es ese estado supremo en el que uno no necesita volver a la tierra, al útero materno, a la vida?». Estas preguntas no son más que tonterías; no están haciendo sus propias preguntas. No tienen ninguna relación con su situación real. Están haciendo preguntas hermosas, metafísicas, esotéricas, para mostrar que son personas de alta calidad; que son eruditos, que conocen las escrituras, que son buscadores; que no son personas corrientes, que son extraordinarios, religiosos. Eso está llevando a los indios a una confusión que va en aumento.

Siempre es mejor preguntar algo relevante para ti que preguntar algo sin relación contigo. La gente me pegunta si Dios existe o no, ¡y ni siquiera saben si ellos existen o no!

Así que es mejor hacer preguntas realistas, ya que pueden resultarte de gran ayuda. Si padeces una gripe común y vas al médico y le preguntas acerca del cáncer..., porque, un hombre como tú, ¿cómo va a padecer algo tan ordinario como eso? Toda persona la padece, por eso la llaman «gripe común». Pero tú eres una persona tan poco común..., tú no eres cualquiera. Eres muy especial, tienes que padecer algo muy especial, así que preguntas acerca del cáncer. Y si el médico intenta curarte el cáncer, será peor aún, el tratamiento no te vendrá nada bien. Producirá más complicaciones en ti, porque son medicinas que pueden matarte, ya que no hay nada sobre lo que deban actuar porque no tienes ningún cáncer y no son efectivas para la gripe común.

En realidad, para la gripe común no hay ninguna medicina. Si te medicas, la gripe común dura siete días; si no, ¡dura una semana! De hecho, es tan común que la ciencia médica no se ha preocupado por ella. ¿Quién se preocupa por esas pequeñeces?

A la gente le interesan cosas como ir a la Luna. ¿A quién le importan cosas tan insignificantes como una gripe común o que una pluma gotee tinta? ¡Las plumas todavía gotean! Han llegado a la Luna y todavía no han sido capaces de fabricar una pluma que garantice al ciento por ciento que no goteará.

Simplemente, busca dentro de ti mismo. ¿Dónde está exactamente tu problema?

Un general que visita un hospital de campo le pregunta a uno de los soldados postrado en la cama:

—¿Qué te ocurre?

—Señor —replica el soldado—, tengo forúnculos.

—¿Qué tratamiento estás recibiendo?

—Me aplican tintura de yodo, señor.

—¿Y eso le alivia?

—¡Sí, señor! —contesta el soldado.

Después, el general se acerca al soldado en la siguiente cama y descubre que tiene hemorroides. A él también le están aplicando yodo; le alivia, y no necesita que le administren nada más. Más tarde, el general le pregunta a un tercer soldado:

—¿Qué te ocurre? —señor, tengo inflamadas las amígdalas. Me aplican yodo y sí alivia.

—¿Le puedo ayudar en algo? —pregunta preocupado el general.

—¡Sí, señor! —responde el soldado—. Me gustaría ser el primero al que le apliquen el yodo.

Primero tienes que ver tu situación, dónde estás; sólo entonces puedes saber qué quieres. Si te están aplicando tintura de yodo después de a los otros dos —uno tiene forúnculos y el otro tiene hemorroides— y tú padeces de amígdalas inflamadas, ¡el problema está claro! Averigua, busca el lugar exacto en el que estás. En lo que a mí respecta, todos los deseos son un puro desperdicio, todo querer es erróneo. Pero si estás identificado con el cuerpo, no puedo decirte eso, porque estaría demasiado lejos de ti. Si estás identificado con el cuerpo, ve acercándote un poco a deseos más elevados, a los deseos de la mente, y luego a deseos un poco más elevados, a los deseos del corazón, y por último, al estado del «no-deseo»

Ningún deseo puede ser cumplido jamás. Ésta es la diferencia entre el enfoque científico y el enfoque místico. La ciencia trata de cumplir tus deseos y, por supuesto, ha conseguido muchas cosas, pero el hombre permanece en la misma desdicha. La mística trata de despertarte a ese gran entendimiento desde el que se puede ver que todos los deseos son intrínsecamente irrealizables.

Uno tiene que ir más allá de todos los deseos, sólo entonces hay complacencia. La complacencia no es el final de un deseo, no llega por su cumplimiento porque el deseo no puede ser satisfecho. Durante el tiempo que tarde en cumplirse tu deseo, verás que habrán surgido mil y un deseos. Cada deseo se ramifica en muchos otros nuevos deseos. Y eso ocurrirá una y otra vez, y toda tu vida se habrá desperdiciado.

Los que han sabido, los que han visto, los budas, los despiertos, han coincidido en un punto. No es algo filosófico, es factual: la complacencia viene cuando se han abandonado todos los deseos. Con la ausencia de deseos la complacencia surge dentro de ti. De hecho, la propia ausencia de deseos es complacencia, es satisfacción, es fructificar y florecer.

Así que pasa de los deseos inferiores a deseos más elevados, de los deseos burdos a deseos más sutiles y, después, a los más sutiles, porque desde los más sutiles el salto a no desear, es fácil. No desear es Nirvana.

El Nirvana tiene dos significados. Es una de las palabras más hermosas; cualquier lengua puede estar orgullosa de esta palabra. Esos dos significados son como las dos caras de la misma moneda. Uno es «el cese del ego», y el otro es «el cese de todos los deseos». Ocurre simultáneamente. El ego y los deseos están intrínseca e inseparablemente juntos. En el momento en que muere el ego, los deseos desaparecen, o viceversa. En el momento en que se trascienden los deseos, se trasciende el ego. Carecer de deseos, carecer de ego, es conocer la felicidad suprema, es conocer el éxtasis eterno.

¿Tiene algún sentido vivir?

El hombre ha sido educado de una forma esquizofrénica por todas las tradiciones. Para esas tradiciones era útil dividir al hombre en todas las dimensiones posibles y crear un conflicto entre las divisiones. De esta forma, el hombre se vuelve débil, indeciso, miedoso, dispuesto a someterse, rendido; dispuesto a ser esclavizado por los sacerdotes, por los políticos, por cualquiera.

Esta pregunta también surge de una mente esquizofrénica. Puede que te resulte un poco difícil de entender ya que quizá nunca hayas pensado que la división entre los fines y los medios es una estrategia básica para dividir al hombre.

¿Tiene la vida algún significado, algún sentido, algún valor? Eso es lo que estás preguntando. ¿Hay alguna meta que alcanzar en la vida?, ¿hay algún lugar al que un día llegarás viviendo? Vivir es un medio. La meta, el objetivo, algún lugar lejano, es el fin. Y ese fin le dará sentido. Si no hay un fin, está claro que la vida no tiene sentido; hace falta un Dios para darle sentido a tu vida. Primero, divide los fines y los medios. Eso divide tu mente.

Tu mente siempre está preguntando ¿por qué?, ¿para qué? Y cualquier cosa que no responda a la pregunta «¿para qué?», poco a poco va perdiendo su valor para ti. Así es como el amor se ha quedado sin valor. ¿Qué sentido tiene amar? ¿Adónde te conducirá? ¿Qué vas a conseguir de ello? ¿Alcanzarás alguna utopía, algún paraíso?

Por supuesto, de esta forma el amor no tiene sentido. Es irrelevante.

¿Qué sentido tiene la belleza? Estás observando un amanecer, estás atónito, es muy hermoso, pero cualquier idiota puede preguntarte: «¿Cuál es su significado?», y no tendrás ninguna respuesta. Y si no tiene ningún sentido, ¿por qué halagar a la belleza sin necesidad?

Una flor, una pintura, una música o una poesía hermosas no tienen ningún sentido. No son argumentos que prueben algo; tampoco son medios para alcanzar ningún fin.

Y la vida consiste en esas cosas que son irrelevantes.

Déjame repetirlo: la vida sólo consiste en aquellas cosas que no tienen ninguna relevancia, en el sentido de que no tienen ninguna meta, no te conducen a ninguna parte, no obtienes nada de ellas.

En otras palabras, vivir es significativo en sí mismo. Los medios y los fines están juntos, no separados.

Pero ésa es la estrategia que han seguido, a través de los tiempos, todos aquellos que han tenido ansia de poder. Dicen que los medios son caminos, y los fines son objetivos. Los medios son útiles porque te conducen al fin. Si no te conducen a un fin son irrelevantes. De esta forma, han destruido todo aquello que realmente es relevante, y te han impuesto cosas que son absolutamente irrelevantes.

El dinero tiene sentido. Una carrera política tiene sentido. Ser religioso tiene sentido, porque es el medio hacia el cielo, hacia Dios. Los negocios tienen sentido porque, inmediatamente, ves un resultado final. Los negocios se vuelven importantes, la política se vuelve importante, la religión se vuelve importante, y la poesía, la música, la danza, el amor, la amistad, la belleza, la verdad, todo desaparece de tu vida. Sólo es una estrategia, pero destruye todo aquello que te hace relevante, que le proporciona éxtasis a tu ser. Pero la mente esquizofrénica preguntará: «¿Qué sentido tiene el éxtasis?».

Cientos de personas me han preguntado: «¿Qué sentido tiene la meditación? ¿Qué obtenemos de ella? Es muy difícil de lograr y, aunque lo logremos, ¿cuál será el resultado final?».

Resulta muy difícil explicar a esas personas que la meditación es un fin en sí misma. No hay ningún fin tras ella.

Todo aquello que tenga un fin está hecho para la mente mediocre. Y todo aquello que sea el fin en sí mismo está hecho para las personas realmente inteligentes.

Verás a la persona mediocre convertirse en presidente de un país, en primer ministro, en la persona más adinerada, en el papa o encabezar una religión. Pero todas éstas son personas mediocres; su única cualidad es su mediocridad. Son de tercera clase y, básicamente, esquizofrénicos. Han dividido su vida en dos partes: fines y medios.

Mi enfoque es totalmente diferente: haz de ambos un todo.

Así que quiero que sólo vivas por la vida en sí.

Los poetas han definido el arte como el arte por sí mismo, no hay nada más tras él: «El arte por el arte». Esto no atraerá al mediocre porque él valora las cosas en términos de dinero, posición, poder. ¿Acaso tu poesía te va a hacer primer ministro del país? Entonces, es irrelevante. Pero, de hecho, tu poesía puede hacerte mendigo, porque ¿quién va a comprar tu poesía?

Conozco a todo tipo de genios que están viviendo como mendigos por la sencilla razón de que no aceptaron la forma de vida mediocre, y no se permitieron a sí mismos volverse esquizofrénicos. Están *viviendo* y, por supuesto, tienen un gozo que ningún político conocerá jamás, tienen cierto resplandor que ningún multimillonario tendrá. Tienen cierto ritmo en su corazón de cuya existencia las personas religiosas no tienen ni idea. Pero, en cuanto a lo exterior, la sociedad les ha hecho vivir como mendigos.

Me gustaría que recordaras al que, quizá, fue el más grande de los pintores, Vincent van Gogh. Su padre quería que se hiciese ministro religioso para que tuviera una vida respetable, cómoda, conveniente, y no sólo en este mundo, también después de muerto. Pero Vincent van Gogh quería ser pintor, pero su padre le dijo que estaba loco.

Y él le contestó: «Puede ser. Aunque, para mí, el loco eres tú. No veo ninguna relevancia en ser clérigo porque todo lo que diga no serán más que mentiras. No conozco a Dios. No sé si existe algún cielo o infierno. No sé si el hombre sobrevive después de la muerte o no. Estaría diciendo mentiras a todas horas. Por supuesto, eso es respetable, pero esa clase de respeto no es para mí. No disfrutaría con ello; sería una tortura para mi alma». El padre lo echó de casa.

Él empezó a pintar, y fue el primer pintor moderno. Puedes trazar una línea a partir de Vincent van Gogh: antes de él la pintura era ordinaria. Incluso los más grandes pintores, como Miguel Ángel, son de menor importancia comparados con él, porque su forma de pintar era ordinaria. Su pintura era para el mercado. Miguel Ángel estuvo toda su vida pintando las paredes y los techos de las iglesias. Se rompió la espalda pintando, porque para pintar un techo tienes que tumbarte sobre una plataforma mientras pintas. Es una posición muy incómoda, y durante días, meses... Pero ganaba dinero y respeto. Pintaba ángeles, a Cristo, a Dios creando el mundo. Su pintura más famosa es *La Creación de Adán*.

Vincent van Gogh abre una dimensión totalmente nueva. No pudo vender ni un solo cuadro en toda su vida. ¿Quién diría que su pintura tiene algún sentido? Ni una sola persona pudo ver algo en sus pinturas. Su hermano menor solía enviarle dinero; lo suficiente para que no muriese de hambre, lo justo para la comida de una semana, porque si le daba suficiente para todo el mes se lo gastaba en dos o tres días, y el resto de los días pasaba hambre. Así que le mandaba el dinero semanalmente.

Y lo que hacía Vincent van Gogh era comer solo cuatro días, un día sí y otro no, así era como ahorraba dinero para pinturas y lienzos. Es completamente distinto a Miguel Ángel, que ganó bastante dinero y se hizo rico. Vendió todas sus pinturas porque estaban hechas para ser vendidas, era comercio. Pero como era un gran pintor, aunque las pinturas fueran hechas por encargo, el resultado fue de una gran belleza. Pero si hubiera tenido las agallas de Vincent van Gogh, habría enriquecido al mundo entero.

Tres días en ayuno, y Van Gogh se gastaba el dinero en comprar pinturas y lienzos. Su hermano menor, al enterarse de que no había vendido ni un solo cuadro, le dio algo de dinero a un amigo suyo —que Vincent van Gogh no conocía— y le encargó que le comprara al menos un cuadro: «Eso le proporcionará algo de satisfacción. El pobre hombre se está muriendo; se pasa todo el día pintando, ayunando por su pintura y nadie se digna a comprarle ni tan siquiera un cuadro, nadie ve nada en lo que hace». Porque, para ver algo en las pinturas de Vincent van Gogh, hay que tener el ojo de un pintor del calibre de Van Gogh. De otro modo, no es posible.

Sus pinturas les parecían extrañas a la gente. Pintaba los árboles tan altos que sobrepasaban a las estrellas; las estrellas quedaban muy por debajo. Pensarás que ese hombre estaba loco... ¿los árboles más altos que las estrellas?, ¿has visto esos árboles en alguna parte? Cuando a Vincent van Gogh le preguntaron: «¿Tus árboles siempre sobrepasan las estrellas...?». Él contestó: «Sí, porque entiendo a los árboles. Siempre he sentido que los árboles eran la ambición de la tierra por alcanzar las estrellas. Si no, ¿para qué existían? Para tocar las estrellas, para sentirlas, para sobrepasarlas, ése es el deseo de la tierra. La tierra lo intenta denodadamente, pero no puede realizar el deseo. Yo puedo hacerlo. La tierra entenderá mis pinturas, y me da igual si ustedes lo entienden o no».

Pues bien, este tipo de pintura no la puedes vender. Cuando llegó el hombre que había enviado su hermano, Van Gogh se puso muy contento: ¡por fin había venido alguien a comprar un cuadro! Pero pronto su alegría se convirtió en desesperación porque el hombre entró, eligió un cuadro y le dio el dinero.

Vincent van Gogh le dijo: «¿Pero entiende usted la pintura? La ha elegido al azar, no ha mirado; tengo cientos de cuadros. Y ni siquiera se ha molestado en echar una mirada; simplemente ha tomado uno que casualmente estaba enfrente de usted. Sospecho que le ha enviado mi hermano. Devuélvame el cuadro y tenga su dinero. No se lo venderé a alguien que no tenga ojos para él. Y dígale a mi hermano que jamás vuelva hacer algo así».

El hombre no comprendía cómo se había dado cuenta. Le preguntó: «Usted no me conoce, ¿cómo lo ha descubierto?».

Él le contestó: «Muy fácil. Sé que mi hermano quiere que tenga algún consuelo. Ha tenido que ser él quien le ha enviado, y este dinero es suyo, porque en lo concerniente a la pintura, usted es ciego. Y yo no soy de esos que venden cuadros a personas ciegas; no puedo aprovecharme de un hombre ciego vendiéndole un cuadro. ¿Qué iba a hacer con él? Y dígale también a mi hermano que él tampoco entiende la pintura; de otra forma, no lo habría enviado».

Cuando el hermano se enteró, fue a disculparse. Le dijo: «En vez de darte un poco de consuelo, te he ofendido. Nunca volveré a hacer algo así».

En el transcurso de su vida, Van Gogh fue regalando sus pinturas a amigos. Le regalaba un cuadro al hotel en el que solía comer cuatro veces a la semana, o a una prostituta que en cierta ocasión le dijo que no era un hombre guapo. Para ser absolutamente objetivo, era feo. Ninguna mujer se enamoró nunca de él, era imposible. Esta prostituta, por compasión —algunas veces las prostitutas tienen más compasión que las llamadas damas, entienden mejor a los hombres— le dijo: «Me gustas mucho». Él nunca había oído eso. El amor era algo muy lejano. Él le preguntó: «¿De verdad te gusto?, ¿qué es lo que te gusta de mí?».

La mujer no sabía qué decir y le contestó: «Me gustan tus orejas. Tus orejas son bonitas». Y, sorprendentemente, Van Gogh se fue a casa, se cortó una oreja con un cuchillo, la envolvió cuidadosamente, volvió con la prostituta y se la dio. Y la sangre manaba...

Ella le preguntó: «¿Qué has hecho?».

Él le contestó: «Nunca algo de mí le había gustado a nadie. Y soy un hombre pobre, ¿cómo iba a agradecértelo? Te gustaban mis orejas; así que te he regalado una de ellas. Si te hubiesen gustado mis ojos, te habría regalado mis ojos, si tu hubiese gustado yo, habría muerto por ti».

La prostituta no lo podía creer. Pero, por primera vez, Van Gogh estaba feliz, sonriente; al menos una parte de él le había gustado a alguien. Y esa mujer lo había dicho bromeando, porque ¿quién se fija en las orejas? Si a alguien le gusta algo, son los ojos, la nariz, los labios; los amantes no suelen hablar de sus respectivas orejas.

Sólo en antiguas escrituras indias de sexología, como en los Kamasutras de Vatsayana... Ése es el único libro en el que he encontrado alguna conexión con este incidente de Vincent van Gogh, porque sólo

Vatsa-yana dice: «Muy pocas son las personas que son conscientes de que los lóbulos de las orejas son puntos del cuerpo tremendamente sexuales y sensibles. Los amantes deberían jugar con sus orejas».

Esa prostituta quizá lo sabía, ellas aprenden muchas cosas que las mujeres y los hombres comunes no llegan a conocer, porque entran en contacto con muchas personas. Puede que fuese consciente de la importancia sexual de las orejas. Sin duda, la tienen. Vatsayana es uno de los mayores expertos. Freud, Havelock, Ellis y demás sexólogos son pigmeos ante Vatsayana. Y cuando él decía algo, iba en serio. Van Gogh se pasó toda la vida en la pobreza. Murió pintando. Antes de morir, se volvió loco, porque se pasó todo un año pintando al sol continuamente: cientos de cuadros, pero nada se aproximaba a lo que él quería. Todo el día estaba en pie bajo el sol ardiente del lugar más caluroso de Francia, Arles, con el sol dándole en la cabeza, porque, ¿cómo vas a pintar sin la experiencia? Pintó el cuadro, pero se volvió loco. Tenía calor y hambre, pero era inmensamente feliz; incluso en su locura siguió pintando. Y aquellos cuadros que pintó en el manicomio ahora valen millones.

Se suicidó por la sencilla razón de que ya había pintado todo lo que había querido pintar. Pintar ya se había acabado, había llegado a un punto muerto y no había nada más que hacer. Seguir viviendo sería ocupar el espacio de alguien; eso le parecía feo.

Así que le escribió en una carta a su hermano: «Mi trabajo está hecho. He vivido tremendamente, de la forma que he querido vivir. He pintado lo que he querido pintar. Hoy he terminado mi último cuadro, y voy a saltar de esta vida a lo desconocido, sea lo que sea, porque en esta vida ya no queda nada para mí».

¿Considerarías a este hombre un genio?, ¿lo juzgarías como inteligente o sabio? No, lo normal es que pienses que estaba loco. Pero yo no puedo decir eso. Su vida y su pintura no eran dos cosas: pintar era vivir, ésa era su vida. A todo el mundo le parece un suicidio, pero a mí no. A mí simplemente me parece un final natural. La pintura está completa. La vida está cumplida. No había ninguna otra meta; que le concedan el premio Nobel o que nadie aprecie su pintura no significa nada.

En vida, nadie apreció su trabajo. Ni una sola galería de arte aceptó sus pinturas, ni gratis. Después de su muerte, por su sacrificio, lentamente, la pintura cambió por completo de orientación. Sin Vincent van Gogh, Picasso no habría existido. Todos los pintores posteriores a Vincent van Gogh tienen una deuda inconmensurable con él, porque ese hombre cambió por completo la percepción del arte.

Poco a poco, según iba cambiando la orientación, sus cuadros se fueron descubriendo. Se llevó a cabo una gran búsqueda. La gente había abandonado sus cuadros en sus casas vacías o en sus sótanos, pensando que eran inservibles. Bajaron corriendo a sus sótanos, descubrieron sus cuadros, los limpiaron. Incluso salieron al mercado algunas falsificaciones como piezas auténticas. En la actualidad sólo se conservan doscientos cuadros; aunque debe de haber pintado miles. Cualquier galería de arte que tenga un Vincent van Gogh se sentirá orgullosa, porque el hombre volcó toda su vida en sus cuadros. No fueron hechos con pintura sino con su sangre, con su aliento; en ellos está el latido de su corazón.

A un hombre así no le preguntes: «¿Tiene algún significado tu pintura?». Él está en sus pinturas, y tú le preguntas: «¿Tiene algún significado tu pintura?». Si no puedes ver el significado, es tu responsabilidad.

Cuanto más se eleve algo, menos gente lo reconocerá. Cuando algo alcanza el punto más elevado, es muy difícil que algunas pocas personas lo reconozcan. Cuando alguien llega al punto omega, sólo la propia persona reconoce lo que le ha pasado; no encontrará persona otro individuo que pueda verlo. Por eso, el propio Buda tuvo que declararse iluminado. Nadie más puede reconocerlo, porque para reconocerlo tienes que haberlo saboreado. Si no, ¿cómo vas a reconocerlo? No hay reconocimiento posible porque es un punto demasiado elevado.

Pero ¿qué sentido tiene el budismo?, ¿qué sentido tiene iluminarse?, ¿cuál es su objetivo? Si preguntas por el objetivo, no hay ninguno. Es suficiente en sí mismo. No necesita nada más para hacerlo relevante.

A eso me refiero cuando digo que las cosas verdaderamente valiosas en la vida no se dividen en fines y medios. No existe división alguna entre los fines y los medios. Los fines son los medios, los medios son los fines; puede que sean las dos caras de una misma moneda, inseparablemente unidas. De hecho, son una unidad, una totalidad.

Me preguntas: «¿Tiene algún sentido vivir, la vida?» Me temo que si contesto que vivir no tiene ningún sentido, puedas pensar que eso quiere decir que debes suicidarte, ya que si vivir no tiene sentido, entonces, ¿qué otra cosa puedes hacer?... ¡matarte! No estoy diciendo eso, porque suicidarse tampoco tiene ningún sentido.

En vida, vive totalmente. Al morir, hazlo totalmente. Y en esa totalidad encontrarás relevancia.

No estoy utilizando la palabra «significado» deliberadamente, sino la palabra «relevancia» porque «significado» está contaminada. La palabra significado siempre apunta a alguna otra parte. Debes haber oído o leído muchos cuentos... ¿Por qué se escriben para los niños? Quizá los escritores no lo sepan, pero forma parte de la misma explotación a la humanidad.

Hay un cuento que trata de un hombre cuya vida reside en un loro. Si matas al loro, el hombre morirá, pero al hombre no se le puede matar directamente. Las balas no le hacen nada. Le pueden cortar el cuello de una cuchillada y, cuando la espada lo haya atravesado, la cabeza seguirá unida al cuerpo. Al hombre no se le puede matar; antes hay que descubrir dónde reside su vida. Así es en ese tipo de cuentos en los que la vida de la persona siempre reside en alguna otra parte. Y cuando se descubre, sólo hay que matar al loro, y el hombre, donde quiera que esté, morirá inmediatamente

Cuando era un niño, solía preguntarle a mi profesor: «Este tipo de cuentos parecen muy estúpidos porque yo no conozco a nadie cuya vida resida en un loro o en un perro o alguna otra cosa, como un árbol». Era la primera vez que oía ese tipo de cuentos, luego vinieron muchos más. Se escribían especialmente para niños.

El hombre que me daba clases era un caballero muy bondadoso y respetable. Le pregunté: «¿Me puede usted decir dónde reside su vida? Porque me gustaría intentar...».

Él me preguntó: «¿Qué quieres decir?».

Le contesté: «Me gustaría matar al pájaro en el que reside su vida. Usted es un hombre inteligente, sabio, respetable. Debe de haber puesto su vida en otra parte para que nadie pueda matarle».

Eso es lo que decía el cuento, que las personas sabias ponían su vida en otra parte, para que nadie los pudiera matar. Y a no ser que ellos te digan el secreto, es imposible saber dónde han puesto su vida, nadie podrá averiguarlo. Este mundo es tan grande y hay tantas personas, animales, pájaros y árboles, que nadie sabrá dónde habrá puesto su vida ese hombre.

«Usted es un hombre sabio, respetable, debe de haber ocultado su vida en alguna parte; puede decírmelo en privado. No llegaré a matar al pájaro; tan sólo le torturaré un poquito para ver lo que le pasa a usted».

Él me dijo: «Eres un niño extraño. He estado enseñando este cuento toda mi vida, ¡¿y tú quieres torturarme un poquito?! Esto sólo es un cuento».

Pero yo le repliqué: «¿Qué sentido tiene este cuento? ¿Por qué le cuenta este cuento y cosas por el estilo a los niños?».

No pudo responder. Le pregunté a mi padre: «¿Qué significado puede tener este cuento? ¿Por qué se enseñan cosas tan absurdas como esas?».

Él me contestó: «Si tu profesor no puede responder, ¿cómo voy a hacerlo yo? No lo sé. Él es más ilustrado, inteligente y sabio que yo. Moléstale a él, en vez de molestarme a mí».

Pero ahora sé cuál es el significado de esos cuentos y por qué se los enseñan a los niños. Estos cuentos entran en el inconsciente y el niño empieza a pensar que la vida está siempre en otra parte, en el cielo, en Dios, siempre en otra parte, que no está en ti. Tú estás vacío, sólo eres una cáscara. Tu vida no tiene sentido aquí ahora. Aquí sólo eres un medio, una escalera. Si subes la escalera, puede que algún día encuentres tu vida, tu Dios, tu meta, tu sentido o como quieras llamarlo.

Pero yo te digo que tú eres el sentido, el objetivo, y que vivir es intrínsecamente completo en sí mismo. No hay necesidad de añadirle nada a la vida.

Lo único que necesita la vida es que la vivas en toda su plenitud.

Si vives sólo parcialmente, no sentirás la emoción de estar vivo.

Ocurre lo mismo que en un aparato en el que sólo funciona una parte... por ejemplo, un reloj: si sólo funciona la manecilla de los segundos pero la de los minutos y la de las horas no funciona, ¿para qué sirve? Habrá movimiento, una parte está funcionando, pero a no ser que el todo funcione y funcione en armonía, no cumplirá ninguna función.

Y la situación es ésta: todo el mundo está viviendo parcialmente, una pequeña parte de su vida. Es decir, haces ruido pero no puedes crear una canción. Mueves los brazos y las piernas pero no hay ninguna danza. La danza, la canción, el significado viene a la existencia cuando funcionas como un todo en armonía, en acorde. Entonces, no preguntas cosas tales como: «¿Tiene algún sentido vivir?», porque lo sabes.

Vivir en sí es el sentido. No hay ningún otro.

Pero no se te ha permitido permanecer como un solo ser completo. Has sido dividido, cortado en varias partes. Unas pocas partes han estado completamente cerradas, tanto que ni siquiera sabes que te pertenecen. Una gran parte de ti ha sido abandonada en el sótano. Una gran parte de ti ha sido tan condenada que, aunque sabes que está ahí, no te atreves a aceptar que forma parte de ti; reniegas de ella, la reprimes.

Sólo conoces un pequeño fragmento de ti, eso que llamas «conciencia», que no es algo natural; es un producto social, algo que la sociedad crea en tu interior para controlarte desde dentro. En el exterior están la policía y la ley para controlarte; en el interior está la conciencia, que es mucho más poderosa.

Por eso antes de declarar en un juicio te dan la Biblia. Juras sobre ella porque la ley también sabe que, si eres cristiano, al poner la mano sobre la Biblia y decir: «Juro decir la verdad, toda la verdad y nada más que la verdad», tu conciencia te obligará a decir la verdad, porque has jurado en nombre de Dios y con la mano sobre la Biblia. Si dices una mentira irás al infierno.

Antes, si te descubrían, como mucho podían caerte algunos meses o algunos años en prisión. Pero ahora irías al infierno durante toda la eternidad. Incluso la ley admite que la Biblia, el Gita, el Corán son más poderosos que la ley, que los militares o que el ejército.

La conciencia es uno de los peores inventos de la humanidad. Y desde el primer día que nace un niño, empezamos a crear una conciencia en él; una pequeña parte que se dedica a condenar todo aquello que la sociedad no quiere y a apreciar todo aquello que la sociedad desea de ti. Ya no estás entero. La conciencia te va imponiendo continuamente, para que siempre tengas que tener cuidado; Dios está observando.

Cada acto, cada pensamiento, Dios está observando, así que, ¡ten cuidado!

Ni siquiera en tus pensamientos tienes libertad: Dios está observando. ¿Qué clase de mirón es este Dios? Está mirando por la cerradura en todos los cuartos de baño; ¡no te deja solo ni ahí!

Se habla de la libertad de pensamiento, lo cual es una tontería porque, desde el principio, inculcan en los niños las bases para la condena del pensamiento.

Quieren controlar tus pensamientos y tus sueños. Quieren controlarlo todo en ti. Por medio de un instrumento muy ingenioso: la conciencia. La conciencia te juzga. Te dice: «Eso no está bien, no lo hagas; sufrirás». Te ordena: «Haz esto, tienes que hacer esto porque es lo correcto; serás recompensado por ello». Esta conciencia nunca te permitirá ser un individuo completo. No te permitirá vivir como si no hubiese nada prohibido, como si no hubiese fronteras, como si te dejasen completamente independiente para ser lo que quiera que puedas ser.

Entonces, vivir tiene sentido. El sentido no se deriva de los fines, sino del propio vivir. Entonces, hagas lo que hagas, en ese propio hacer está tu recompensa.

Por ejemplo, ahora estoy hablando. Lo estoy disfrutando. Llevo treinta y cinco años hablando continuamente sin ningún propósito. Con todo lo que he hablado, podría haber llegado a presidente o a ministro; sin ningún problema. Con todo lo que he hablado, podría haber hecho cualquier cosa. ¿Qué he ganado?

Pero, en primer lugar, no lo he hecho por interés, lo he disfrutado. Ésta era mi pintura, ésta era mi canción, ésta era mi poesía. Tan sólo esos momentos en los que estoy hablando y siento que la comunión está ocurriendo, esos momentos en los que veo vuestros ojos llamear, cuando veo que habéis entendido la cuestión... me proporcionan un gozo tan inmenso que no creo que se le pueda añadir nada.

Acción, cualquier acción hecha totalmente, con cada fibra de tu ser en ella... Por ejemplo, yo no puedo hablar si me atan las manos, aunque las manos no tengan ninguna relación con el hablar. Lo he intentado. Un día le dije a un amigo que vivía conmigo: «Átame las manos». Él me miró asombrado.

Le pedí: «Átalas y luego hazme una pregunta».

A lo que contestó: «Estar contigo me da miedo, tú estás loco. Y si alguien nos viera a mí preguntándote y a ti con las manos atadas, contestando, ¿qué pensaría?.

Le repuse: «Olvídate de eso. Cierra la puerta y haz lo que te he dicho».

Así que me ató las dos manos a dos postes. Y me hizo una pregunta. Lo intenté de todas las formas posibles, pero con las manos atadas no podía decir nada. Lo único que dije fue: «Por favor, desátame las manos».

Él me dijo: «No entiendo de qué va todo esto».

Le contesté: «Simplemente quería ver si sería capaz de hablar sin mover las manos. Y no puedo».

Y no sólo me ocurre con las manos... si cruzo las piernas hacia el otro lado, que es como me siento en mi cuarto cuando no estoy hablando, algo no va bien. Así que la forma de sentarme, el movimiento de mis manos, se relaciona totalmente. No está hablando sólo parte de mí; todo en mí está implicado en ello.

Y sólo así puedes descubrir el valor intrínseco de cualquier acto. De otro modo, tienes que vivir una vida de tensión, tirante entre aquí y allá, entre una y otra metas lejanas.

Las falsas religiones dicen: «Como está claro que esta vida sólo es un medio, no puedes implicarte en ella totalmente; no es más que una escalera que hay que utilizar. No es algo valioso, sólo es un trampolín. La cosa real está allá, lejos». Siempre permanece lejos. Estés donde estés, la cosa real siempre estará lejos. No importa donde estés, te estarás perdiendo la vida.

Yo no tengo una meta.

Cuando estaba en la universidad solía pasear por la mañana, por la tarde, a cualquier hora... Si tenía algún otro momento libre paseaba, porque el lugar, los árboles, las calles, todo era muy hermoso. Había tantos árboles a ambos lados que incluso en lo más caluroso del verano había sombra.

Uno de mis profesores, que me quería mucho, solía observarme y veía que unos días tomaba una calle y otros días tomaba otra. Había un cruce en forma de pentágono frente a la puerta de la universidad, cinco calles que iban en cinco direcciones, y su vivienda estaba cerca de allí; en la parte más cercana a la puerta. Un día me preguntó: «Unas veces tomas una calle y otras veces otra, ¿adónde vas?».

Yo le contesté: «No voy a ninguna parte. Sólo salgo a pasear». Si vas a alguna parte, seguro que irás por la misma calle; pero yo no iba a ninguna parte, sólo era algo caprichoso. Llegaba al cruce y me quedaba allí un ratito. Eso lo dejaba desconcertado: ¿cómo decido, qué decido ahí de pie?

Solía observar hacia dónde soplaba el viento. Y hacia donde fuera que soplara, allí iba yo también, ése era mi camino.

«Algunas veces —me decía—, tomas la misma calle durante una semana; otras veces sólo vas un día por una calle y al día siguiente cambias. ¿Qué haces en el cruce?, ¿cómo decides?»

Le expliqué: «Es muy sencillo. Me quedo ahí de pie y siento qué calle está viva, hacia dónde sopla el viento. Voy con el viento. Ir con el viento es muy hermoso. Troto, corro, hago lo que me apetece. Y el viento está ahí, fresco, disponible. Así que, simplemente, observo hacia dónde va».

La vida no va a alguna parte. Simplemente está dando un paseo matutino.

Elige ir hacia dondequiera que fluya todo tu ser, hacia donde sople el viento. Sigue el camino hasta donde te lleve, y nunca esperes encontrar algo.

Por eso nunca me he sorprendido, porque nunca he esperado nada, así que no hay lugar para sorpresas. ¡Todo es sorpresa! Y no hay lugar para la desilusión; todo es ilusión. Si ocurre, bien; si no ocurre, mejor aún.

Una vez que entiendas que ese vivir momento a momento es de lo que trata la verdadera religión, entenderás por qué digo que te deshagas de esta idea de Dios, cielo e infierno y toda esa basura. Deshazte de ello por completo porque esta carga de tantos conceptos te está impidiendo vivir momento a momento.

Vive la vida en una unidad orgánica. Ningún acto debe ser parcial, debes estar plenamente implicado en él.

Compartiré un cuento zen:

> Un rey muy curioso, quería saber lo que hacía la gente en los monasterios, preguntó quién era el maestro más famoso. Averiguó que el maestro más famoso de aquellos tiempos era Nan-in, por lo que fue a su monasterio. Al entrar se encontró con un leñador y le preguntó: «El monasterio es muy grande, ¿dónde puedo encontrar al maestro Nan-in?».
>
> El hombre se quedó pensando un rato, con los ojos cerrados, y luego dijo: «En este momento no puede encontrarlo».
>
> El rey dijo: «¿¿Por qué no?, ¿te das cuenta de que yo soy quien manda en este país?».
>
> El leñador le replicó: «Eso es irrelevante. Sea quien sea, eso es asunto suyo, le aseguro que no puede encontrar a maestro en este momento».
>
> «¿Está fuera?», preguntó el rey.
>
> «No, está dentro», contestó el leñador.
>
> El rey siguió preguntando: «¿Acaso está ocupado en alguna tarea, ceremonia o está en aislamiento?, ¿qué ocurre?».
>
> El hombre le respondió: «En este momento está cortando leña en frente de usted. Y cuando estoy cortando leña, sólo soy un leñador. ¿Dónde está ahora el maestro Nan-in? En este momento yo sólo soy un leñador, así que tendrá que esperar».
>
> El emperador pensó: «Este hombre está demente, simplemente loco. ¿El maestro Nan-in cortando leña?» Siguió adelante dejando atrás al leñador, quien continuó cortando

leña. El invierno se estaba acercando y había que almacenar leña. El emperador podía esperar, pero el invierno no esperaría.

El emperador esperó una hora, dos horas, y entonces, por la puerta trasera, apareció el maestro Nan-in con su atuendo de maestro. El rey se le quedó mirando. ¡Se parecía al leñador...! El rey se inclinó. El maestro se sentó y le preguntó: «¿Por qué se ha tomado tantas molestias para venir aquí?».

El rey contestó: «Hay muchas preguntas, pero esas cosas las dejaré para luego. Antes quiero saber: ¿es usted el hombre que estaba cortando leña?».

Él le respondió: «Ahora soy el maestro Nan-in. No soy aquel hombre; la configuración ha cambiado por completo. Ahora estoy aquí sentado como maestro Nan-in. Pregunte como un discípulo, con humildad, receptividad. Es cierto que un hombre que se me parece mucho estaba cortando leña allí, pero él era un leñador. Su nombre también es Nan-in».

El rey se quedó tan perplejo que se marchó sin hacer las preguntas que había venido a plantear. Cuando regresó a su corte, sus consejeros le preguntaron qué había ocurrido. Y él contestó: «Será mejor olvidarse de lo ocurrido. Al parecer ¡este maestro Nan-in está completamente loco! Cuando llegué, estaba cortando leña; me dijo que él era un leñador y que el maestro Nan-in no estaba disponible en ese momento. Luego, ese mismo hombre apareció con atuendo de maestro, y me dijo que quien estaba cortando leña era un hombre que se le parecía pero era el leñador; que él era el maestro».

Uno de los presentes dijo: «No ha comprendido lo que él estaba tratando de decirle, que cuando está cortando leña está completamente implicado en ello. No hay nada que pueda en ese momento se relacione con el maestro Nan-in; no en ese instante simplemente es un leñador».

Y en lenguaje zen, que es difícil de interpretar, no estaba diciendo exactamente: «Soy un leñador», estaba diciendo: «En este momento soy el que corta leña», no un leñador, porque ni siquiera hay espacio para él. Es simplemente leña siendo troceada, y él está totalmente en ello, sólo es quien corta leña: «Cortar leña es lo que está ocurriendo». Y cuando aparece como maestro, por supuesto, tiene una configuración diferente. Así que, en cada acción, si te implicas totalmente, eres una persona diferente.

Buda solía decir: «Es como la llama de la lámpara, que aunque siempre parezca la misma, en realidad no lo es, ni siquiera en dos momentos consecutivos. La llama se está convirtiendo continuamente en humo y la nueva llama va subiendo. La llama vieja saliéndose extingue y la llama nueva surge. La vela que has encendido por la noche no es la misma vela que apagas por la mañana. Ésta no es la misma llama que encendiste; ésa se fue muy lejos, nadie sabe dónde. Es sólo la similitud de la llama lo que causa la ilusión de que es la misma».

Con tu ser ocurre lo mismo.

Es una llama, un fuego. Tu vida está cambiando continuamente, y si te implicas totalmente en algo, verás el cambio ocurriendo en ti cada momento, un nuevo ser, un nuevo mundo, una nueva experiencia. Todo adquiere tal novedad que nunca ves la misma cosa dos veces. Entonces, naturalmente, la vida se vuelve un continuo misterio, una constante sorpresa. A cada paso, se abre un nuevo mundo, de un sentido enorme, de un éxtasis increíble.

Cuando llega la muerte, ésta tampoco es algo separado de la vida. Forma parte de ella, no es el fin de la vida. Es como cualquier otro acontecimiento; el amor ha ocurrido, el nacimiento ha ocurrido. Primero eras un niño, luego, cuando desapareció la infancia te convertiste en un hombre joven, después desapareció la juventud y te convertiste en un anciano, luego desapareció el anciano... ¡han estado ocurriendo muchas cosas!, ¿por qué no le permites también a la muerte que ocurra igual que los demás acontecimientos?

La persona que vive momento a momento también vive la muerte, y descubre que, puestos en una balanza todos los momentos de la vida a un lado y el momento de la muerte al otro, aunque sólo sea uno, el de la muerte pesa más. Pesa más en todos los sentidos porque es toda la vida condensada; y algo más añadido, que nunca estuvo a tu disposición. Una nueva puerta abriéndose, una nueva dimensión abriéndose.

¿Por qué todo el mundo quiere aparentar ser lo que no es? ¿Qué psicología hay tras ello?

Todo el mundo está condenado desde la más tierna infancia. Todo lo que haces por tu cuenta, desde tus propias preferencias, no es aceptable. La gente, el grupo en el que un niño tiene que crecer, tiene sus propios ideales e ideas. El niño tiene que encajar con ellos; sin embargo está indefenso. ¿Lo has pensado alguna vez? Un niño humano es la cría más indefensa en todo el reino animal. Casi todos los animales pueden sobrevivir sin el apoyo de los padres y del grupo, pero el niño humano no puede; moriría inmediatamente. Es la criatura más indefensa, es muy vulnerable a la muerte, muy delicada. Naturalmente, los que tienen el poder pueden moldear al niño como ellos quieran. Todo el mundo se ha convertido en lo que es, en contra de ser sí mismos. Ésa es la psicología que hay detrás de que todos quieran aparentar ser lo que no son.

Todo el mundo está en un estado de esquizofrenia. A nadie se le ha permitido nunca ser él mismo; todos el mundo es obligado a ser otra persona, cuya naturaleza no le permite ser feliz.

Cuando uno crece y empieza a caminar por sí mismo, empieza a aparentar muchas cosas que le habría gustado que formaran parte de su realidad. Pero en este mundo insano te han distraído, te han convertido en otra persona; tú no eres eso y lo sabes. Todos lo saben; los han obligado a ser médicos, ingenieros; políticos, criminales, mendigos.

Hay toda clase de fuerzas alrededor.

En Bombay hay mucha gente que se dedica a secuestrar niños y mutilarlos, los dejan ciegos o cojos y los obligan a mendigar, y cada noche tienen que entregar todo el dinero que han recaudado. A cambio, los alimentarán, les darán cobijo. Son utilizados como mercancía, no son considerados seres humanos. Eso es un caso extremo pero, en menor o mayor medida, a todo el mundo le ha ocurrido lo mismo.

Nadie está cómodo consigo mismo.

Alguien me contó que, en cierta ocasión, había un gran cirujano, muy famoso, que se iba a jubilar. Sus estudiantes y sus colegas, que eran muchos, le hicieron una fiesta de despedida. Todos bailaban, cantaban y bebían;, sin embargo, él estaba triste en un rincón oscuro. Un amigo se le acercó y le preguntó: «¿Qué te ocurre? Estamos de celebración y tú estás aquí, tan triste... ¿acaso no te quieres jubilar? Tienes setenta y cinco años, podrías haberte jubilado hace muchos años, pero no lo hiciste porque eras un gran cirujano, aún teniendo setenta y cinco años nadie puede compararse contigo, nadie te llega ni a la suela del zapato. ¡Jubílate ya y descansa!».

Él le contestó: «Precisamente en eso es en lo que estaba pensando. Estoy triste porque mis padres me obligaron a ser cirujano. Yo quería ser cantante, me habría encantado. Aunque sólo hubiese sido un cantante callejero, al menos habría sido yo mismo. Ahora soy un cirujano de fama mundial, pero no soy yo mismo. Cuando la gente me alaba como cirujano, para mí es como si estuvieran alabando a otro. Me han otorgado premios, doctorados *honoris causa*, pero nada de eso provoca la más mínima alegría en mi corazón porque esto no soy yo. Ser cirujano me ha matado, me ha destruido. Yo quería ser músico, aunque tuviese que mendigar por las calles. Pero habría sido feliz».

En este mundo sólo hay una felicidad y consiste en ser tú mismo. Nadie es él mismo, todo el mundo está intentando ocultarse tras máscaras, apariencias e hipocresías. Se avergüenzan de lo que son.

Hemos convertido el mundo en un mercado, no en un hermoso jardín al que cualquiera puede traer sus propias flores. Estamos forzando a las margaritas a dar rosas; ¿de dónde las margaritas van a sacar las rosas? Esas rosas serán de plástico, y en el fondo de sus corazones, estarán llorando a lágrima viva y sintiéndose avergonzadas por no haber tenido el suficiente valor para rebelarse contra el grupo. «Nos han impuesto flores de plástico, aunque nosotras tenemos nuestras propias flores

66

auténticas, por las que corre nuestra savia, pero no podemos florecer de forma auténtica».

Te lo han enseñado todo, excepto a ser tú mismo. Ésta es la forma de sociedad más horrible que pueda existir porque hace que todo el mundo sea desdichado.

También he oído hablar de otro gran hombre, un gran profesor de literatura, que dejaba la universidad. Asistieron todos los profesores de la facultad, vinieron todos sus amigos, y se estaban divirtiendo. Pero, de repente, se dieron cuenta de que él no estaba. Uno de sus amigos, que era abogado, salió a ver si estaba en el jardín. ¿Qué estaría haciendo allí? Estaba sentado bajo un árbol. El abogado era su mejor amigo, se conocían desde niños. Así que le preguntó: «¿Qué estás haciendo ahí?».

Y él le respondió: «¿Qué estoy haciendo aquí?, ¿recuerdas que hace cincuenta años te dije que quería matar a mi mujer? Y tú me dijiste: "No lo hagas, te pasarías cincuenta años en la cárcel". Pues estoy pensando que si no te hubiese escuchado, ¡hoy estaría saliendo de la cárcel, sería libre! —y prosiguió diciendo—: estoy tan enojado que se me está ocurriendo una idea: ¡por qué no matarte a ti! Ya tengo setenta y cinco años; aunque me echen cincuenta años no estaré tanto tiempo en la cárcel. Dentro de cinco o siete años, habré muerto. Porque tú no has sido un amigo; has demostrado ser mi peor enemigo».

Ser lo que no quieres ser, estar con quien no quieres estar y hacer lo que no quieres hacer es la raíz de todas tus desgracias. Por una parte, la sociedad ha conseguido hacer desdichado a todo el mundo y, por otra parte, esa misma sociedad pretende que no muestren sus desventuras, no en público, no abiertamente; es un asunto privado. ¡Pero lo han causado ellos!, en realidad es un asunto público, no es un asunto reservado. El mismo grupo que ha causado todos los motivos de tu desgracia te dice: «Tu desdicha es tuya, así que, cuando salgas, hazlo con una sonrisa. No muestres tu cara triste a los demás». A eso lo llaman educación, urbanidad, modales, cultura. Pero, básicamente, es hipocresía.

A no ser que una persona decida: «Quiero ser yo mismo cueste lo que cueste. Aunque me critiquen, me rechacen o me falten al respeto,

haré lo que sea con tal de no seguir aparentando ser otra persona».
Esta decisión y esta declaración de libertad, la determinación de liberarse de la carga que impuso el grupo, da nacimiento a tu ser natural, a
tu individualidad. Entonces, no necesitas ninguna máscara. Entonces,
simplemente, puedes ser tú mismo, tal como eres.

Y en cuanto puedas ser tal como eres, habrá una inmensa «paz que
sobrepasa la comprensión».

Investigaciones llevadas a cabo en los últimos años han
sugerido que ciertos estados de conciencia causados
por técnicas de meditación parecen suscitar patrones
específicos de onda cerebral. Esos estados son provocados
por estimulación electrónica y auditiva del cerebro y
pueden ser aprendidos por medio de *biofeedback*.

El tradicional «estado meditativo», estar sentado en
silencio (o, al menos, silenciosamente alerta), está compuesto
por ondas bilaterales sincrónicas alfa. En la meditación más
profunda también hay ondas bilaterales theta. Y hay un
estado llamado «conciencia lúcida» que, además de tener las
ondas bilaterales sincrónicas alfa y theta de la meditación
profunda, tiene las ondas beta, del proceso de pensamiento
normal. La conciencia lúcida puede aprenderse por medio de
biofeedback, con la ayuda de los equipos más modernos.

¿Son este tipo de estímulos y *biofeedback* útiles para
el meditador?, ¿qué relación existe entre estas técnicas
tecnológicas y el estado de meditación más allá de la técnica?,
¿hay algún ejemplo de unión entre la ciencia y la meditación?

Ésta es una pregunta muy compleja. Tendrás que entender una de las
cosas básicas respecto a la meditación: ninguna técnica conduce a
ella. Las llamadas viejas y nuevas técnicas son lo mismo en lo que respecta a la meditación.

La meditación no es producto de alguna técnica. La meditación
ocurre más allá de la mente. Ninguna técnica puede ir más allá de la

mente. Hay un gran malentendido, con cierta base, en los círculos científicos. Y es que cuando una persona está en un estado de meditación produce ciertas ondas en el cerebro. Esas ondas se pueden generar desde el exterior por medios técnicos, pero en ningún caso producirán meditación; ése es el malentendido.

La meditación produce esas ondas; es la mente reflejada en el mundo interior. No se puede ver lo que ocurre dentro, pero sí se puede ver lo que ocurre en el cerebro. Ahora existen instrumentos sensibles, podemos saber qué tipo de ondas emite una persona cuando está durmiendo, cuando está soñando, cuando está en meditación. Pero produciendo las ondas, no puedes reproducir la meditación, porque esas ondas sólo son síntomas, indicadores. Está bien estudiarlas. Pero recuerda que no hay ningún atajo a la meditación y ningún instrumento mecánico puede ser de ninguna ayuda.

De hecho, la meditación no necesita técnica, ni científica ni de cualquier otro tipo. La meditación es, simplemente, una comprensión. No se trata de sentarse en silencio, no se trata de recitar un mantra. Se trata de comprender las sutiles maniobras de la mente. Cuando comprendes las maniobras de la mente surge en ti una gran conciencia que no es de la mente. Esa conciencia surge en tu ser, en tu alma, en tu conciencia. La mente sólo es un mecanismo, pero cuando esa conciencia surge es normal que produzca cierto patrón de energía. Ese patrón de energía es experimentado por la mente.

La mente es un mecanismo muy sutil y la estás estudiando desde fuera, así que estás estudiando el cerebro. Podemos ver que cuando una persona está en silencio, inevitablemente aparece un determinado patrón de onda en el cerebro, los científicos piensan que si logran reproducir este patrón de onda por medio de alguna tecnología de *biofeedback*, el ser interior alcanzará niveles elevados de conciencia. Eso no va a ocurrir, porque no es una cuestión de causa y efecto.

Esas ondas no son la causa de la meditación; por el contrario, son el efecto. Desde el efecto no puedes ir hacia la causa. Es posible que con *biofeedback* se logren recrear ciertos patrones en el cerebro y que éstos produzcan cierta sensación de paz, silencio y serenidad a la persona. Pero si la persona en cuestión no conoce la meditación no tendrá forma de comparar, puede ser inducida a una falsa creencia de que eso es meditación, pero no lo es. Porque, en cuanto concluya el mecanismo de *biofeedback*, las ondas desaparecerán y con ellas también el silencio, la paz y la serenidad.

Puedes pasar años practicando con esos instrumentos científicos, pero tu carácter, tu moralidad, tu individualidad no cambiará: seguirás igual.

La meditación transforma, te lleva a niveles de conciencia más elevados y cambia tu estilo de vida por completo; cambia tus reacciones por respuestas en niveles increíbles. Personas que antes en la misma situación habrían reaccionado con ira, ahora actúan en profunda compasión, con amor.

Meditación es un estado del ser al cual se llega a través de la comprensión. Requiere inteligencia, no técnicas.

No hay ninguna técnica que pueda darte inteligencia. De haberla, ya habríamos convertido a todos los idiotas en genios, los mediocres se habrían convertido en Albert Einstein, Bertrand Russell, Jean-Paul Sartre...

Desde fuera, no hay forma de modificar tu inteligencia, de aguzarla, de hacerla más penetrante, de darle mayor visión. Es una simple cuestión de comprensión, y no hay nadie que pueda hacerlo por ti; ninguna máquina, ninguna persona.

Durante siglos, los llamados gurús han estado engañando a la humanidad. Pues bien, en el futuro, en lugar de los gurús habrá máquinas gurús que engañarán a la humanidad.

Los gurús estafaban a la gente diciéndole: «Les daremos un mantra. Repítanlo». Es cierto que enunciando continuamente el mantra se produce un campo de energía de una determinada longitud de onda; pero la persona que los recita permanece igual, porque sólo es algo superficial. Es como cuando tiras una piedra a un lago tranquilo y surgen ondas que remueven toda la superficie del lago de orilla a orilla, pero no altera en absoluto las partes profundas del lago. Las partes profundas no se enteran de lo que está ocurriendo en la superficie. Y lo que ves en la superficie también es ilusorio. Parecería que el agua se están moviendo, pero eso no es verdad. Cuando arrojas una piedra al lago, no es que el agua se mueva. Puedes comprobarlo poniendo una florecilla sobre el agua. Para tu sorpresa, observarás que la flor se queda en el mismo lugar. Si el agua se moviera en dirección a las orillas, se llevaría a la flor hacia una de las orillas, pero la flor se queda donde la has dejado. Las ondas no reflejan el movimiento del algua. Lo que produce la ilusión de movimiento no es más que el agua subiendo y bajando en el mismo lugar. Las partes profundas del lago no se percatan de nada. Y no habrá ningún cambio en el carácter o en la belleza del lago, cuando produzcas esas ondas.

La mente está entre el mundo y tú. Todo lo que ocurre en el mundo afecta a la mente y, a través de ella puedes entender lo que está ocurriendo al exterior. Por ejemplo, crees que me estás viendo; pero tú no puedes verme, lo que ocurre es que tu cerebro percibe ciertos rayos y recrea una imagen que interpretas en la mente. Tú estás dentro y desde ahí ves una imagen. Pero no puedes verme. El cerebro es el meditador. Cuando el cerebro es afectado por el exterior, la conciencia interna puede saber lo que está ocurriendo fuera. Y lo que los científicos están intentando hacer es exactamente lo mismo: están estudiando a meditadores, leyendo su frecuencia de onda, los campos de energía producidos por la meditación. Naturalmente, el enfoque científico es asumir que si esos patrones aparecen siempre que una persona está bajo la meditación, tenemos la clave; si conseguimos producir esos patrones en el cerebro, la meditación tendría que aparecer en el interior.

Ahí está la falacia. Puedes producir los patrones en el cerebro, pero si la persona no conoce la meditación puede sentir un silencio, una serenidad durante ese tiempo, mientras estén esas ondas. Pero a un meditador no se le puede engañar porque notará que esos patrones están apareciendo en su cerebro.

El cerebro es una realidad inferior y ésta no puede cambiar la realidad superior. La mente es el sirviente, no puede cambiar al señor. No obstante puedes experimentar. Simplemente, ten en cuenta que una máquina de *biofeedback* o recitar mantras es igual; puede producir cierta paz mental, pero esa paz mental no siempre es meditación.

La meditación es el vuelo más allá de la mente. No tiene nada que ver con la paz mental.

Uno de los más grandes pensadores de América, Joshua Liebman, escribió un libro muy famoso, *Paz mental*. Cuando leí el libro, hace muchos años, le escribí una carta en la que le decía: «Si es usted sincero y honesto, debería retirar el libro del mercado porque no existe tal cosa como la paz mental. El problema es la mente. Cuando no hay mente es cuando hay paz, así que, ¿cómo va a existir la paz mental? Cualquier paz mental no es más que una falacia; simplemente significa que el ruido ha disminuido hasta un punto en el que es silencio, y no tienes nada con qué compararlo».

A una persona que conozca la meditación no se le puede engañar con ninguna técnica, porque nada podrá darle una comprensión de las maniobras de la mente. Por ejemplo, sientes ira, envidia, odio, lujuria. ¿Existe alguna técnica que pueda ayudarte a deshacerte de tu ira, de tu envidia, de tu lujuria? Y si esas cosas se quedan, tu estilo de vida se mantendrá igual que antes. Éste es el único camino, nunca ha habido otro. Hay un sólo camino para comprender que estar enfadado es ser estúpido: observa la ira en todas sus fases; debes estar atento para que no te tome desprevenido. Mantente vigilante, observando cada uno de las manifestaciones de la ira, y te sorprenderás: según va aumentando la conciencia respecto a la ira, ésta se va evaporando.

Y cuando desaparece la ira hay paz. La paz no es un logro positivo. Cuando el odio desaparece hay amor. El amor no es un logro positivo. Cuando la envidia desaparece hay una profunda cordialidad hacia todo.

Intenta entender...

Pero todas las religiones han corrompido nuestras mentes porque no nos han enseñado a observar, a comprender. En vez de ello, nos han dado conclusiones como «la ira es mala». Y en cuanto condenas algo, ya tomaste cierta posición de juicio. Has juzgado y ahora no puedes ser consciente. La conciencia requiere no juzgar, y todas las religiones se han dedicado a enseñar a la gente a juzgar: «Esto es bueno y esto es malo, esto es pecado y esto es virtud». El hombre lleva siglos con toda esta basura a cuestas. Así que, con todas las cosas, en cuanto ves algo, inmediatamente, tienes un juicio sobre de ello. No puedes verlo simplemente, no puedes ser simplemente un espejo y no decir nada.

La comprensión llega convirtiéndose en un espejo, un espejo de todo lo que ocurre en la mente.

Hay una hermosa historia; no es un cuento, sino un hecho real.

Un discípulo de Gautama Buda estaba a punto de partir a un viaje para extender su mensaje. Pero antes fue a ver a Buda para recibir su bendición y a preguntarle si había algún último mensaje, algunas últimas palabras para él.

Gautama Buda le dijo: «Sólo recuerda una cosa: cuando camines, mantén tu mirada cuatro pies por delante, ve mirando siempre a esa distancia delante de ti». Desde ese día, durante veinticinco siglos, los monjes budistas han caminado de esa forma. Se trataba de una estrategia para que no viera, especialmente, a las mujeres. Esos discípulos eran monjes y habían hecho voto de castidad.

Ananda, otro discípulo de Gautama Buda, no entendía por qué los monjes siempre tenían que enfocar la mirada cuatro pies por delante. Le preguntó: «¿Me gustaría saber qué razón hay para ello?».

Buda le contestó: «Eso te impedirá mirar a las mujeres, al menos a la cara; como mucho les verás los pies».

«Pero —insistió Ananda—, puede haber situaciones en las que una mujer esté en peligro. Por ejemplo, que se haya caído a un pozo y esté pidiendo ayuda a gritos. ¿Qué se supone que debe hacer un discípulo? Tendrá que ver su cara y su cuerpo.»

Y Buda le respondió: «En situaciones especiales les está permitido verlas, pero no es la regla, es la excepción».

Ananda dijo: «¿Y qué ocurre cuando hay que tocar? Porque puede darse el caso de que una mujer se haya caído en la calle. ¿Qué se supone que debe hacer tu discípulo?».

Buda dijo: «Como una excepción, no por regla general, el discípulo puede tocar a la mujer con una condición, sin ésta no le será permitido. La condición es que debe ser un espejo, no debe hacer ningún juicio, ni tomar ninguna actitud. "La mujer es hermosa", eso es un juicio. "La mujer es joven", eso es un juicio. Debe ser un espejo; entonces le será permitido tocarla. De no ser así, deja a la mujer en donde ha caído; alguien la salvará. ¡Tú sálvate a ti mismo!».

Lo que está diciendo es que en toda situación en que la mente ganera cualquier tipo de deseo, avaricia, lujuria, ambición, posesividad, el meditador tiene que ser un espejo. ¿De qué servirá eso? Ser un espejo significa que simplemente eres consciente. En estado de conciencia pura, la mente no puede arrastrarte al lodo o al arroyo. En la ira, en el odio, en la envidia, la mente está absolutamente indefensa frente a la conciencia. Y como la mente está absolutamente indefensa, todo tu ser está en un profundo silencio; la paz supera la comprensión.

Naturalmente, esa paz, ese silencio, ese gozo, esa felicidad afectará al cerebro. Producirá su correspondiente frecuencia de onda en el cerebro, y los científicos, al leer esos patrones, pensarán: «Si podemos producir esos patrones en una persona por medio de instrumentos mecánicos, seremos capaces de reproducir la profundidad de un Gautama Buda».

No seas estúpido.

Todos tus instrumentos mecánicos pueden ser buenos, pueden ser útiles. No van a hacer ningún daño; te proporcionarán una pequeña muestra de paz, de silencio, aunque muy superficial. Para aquellos que nunca han conocido ninguna paz, ya es algo. Al sediento, incluso el agua turbia le parece limpia. Para él, esta agua sucia es una gran bendición.

Así que puedes experimentar, pero recuerda que eso no es la meditación; es un pequeño descanso, una pequeña relajación y no hay nada malo en ello. Pero si la gente se hace a la idea de que esto es meditación, entonces es ciertamente dañino porque se quedarán en las cosas técnicas, en el silencio superficial, creyendo que eso es todo y ya lo han conseguido.

Esas máquinas pueden ser útiles para la gente. Pero se les debería decir: «Esto sólo es una forma mecánica de poner tu mente en paz, pero esa no es la verdadera paz; la verdadera paz se logra cuando la mente está ausente. Lo cual no es posible desde el exterior, sino sólo desde el interior. Y en el interior tienes la inteligencia, la comprensión para hacer el milagro».

Esto es bueno para personas que no se puedan relajar, que no puedan encontrar unos pocos momentos de paz, cuyas mentes estén constantemente charlando; los mecanismos de *biofeedback* son positivos. Pero se les debería dejar claro que eso no es meditación; sólo es un instrumento mecánico para ayudar a la gente a relajarse, para darle una sensación superficial de silencio. Si este silencio produce una necesidad de encontrar el verdadero, el interior, la auténtica fuente de paz, entonces esos instrumentos mecánicos habrán sido benéficos, y los técnicos que los hayan estado utilizando no habrán sido barreras sino puentes.

Así que dale a la gente una pequeña muestra de lo que se puede lograr por medio de las máquinas, pero no le des la falsa idea de que eso es meditación. Esto no es más que un lejano eco de lo verdadero; y si lo quieres tendrás que ir a través de una profunda búsqueda interior, de una intensa comprensión de tu mente, de una conciencia de todas las tretas de la mente para poder ponerlas a un lado.

Entonces la mente deja de interponerse entre tú y la existencia, y las puertas están abiertas.

La meditación es la experiencia suprema de felicidad. Y no se puede producir ni con drogas, ni con máquinas, ni desde el exterior.

tres

EL YO, EL NO-YO Y LA REENCARNACIÓN

En lo que a mí respecta, ni una sola de mis palabras tiene por qué ser creída, sino ser experimentada. Y te estoy dando el método, el modo de experimentarlo.

Vuélvete más meditativo. La reencarnación, Dios, el cielo y el infierno, no importan. Lo que importa es que estés alerta. La meditación te despierta, te da ojos, y no podrás negar aquello que veas.

Me parece que el concepto cristiano del alma tiene el mismo significado que lo que tú llamas el observador. ¿Por qué Jesús no habló de la posibilidad de reencarnación del alma? Esto parece ser una diferencia entre las religiones orientales y las occidentales. ¿Puedes comentar esto?

Jesús conocía perfectamente la reencarnación. Los evangelios están llenos de pistas indirectas. El otro día, citando a Jesús, decía: «Yo existo desde antes de que existiera Abraham». Y Jesús dice: «Regresaré». Hay miles de referencias indirectas a la reencarnación. La conocía claramente, pero hay algunas otras razones por las que no habló de ella, por las que no la predicó.

Jesús había estado en la India y había visto lo que había causado la teoría de la reencarnación. Esta teoría se enseñaba desde casi cinco mil años antes de Jesús. Además, no se trata tan sólo de una teoría; está basada en la verdad. El hombre tiene millones de vidas. Lo enseñaron Mahavira, Buda, Rama; todas las religiones indias coinciden en este punto. Te sorprenderá saber que no coinciden en nada más que en esta teoría.

Los hindúes creen en Dios y el alma. Los jainistas no creen en Dios en absoluto, sólo en el alma. Y los budistas no creen ni en Dios ni en el alma. Pero las tres están de acuerdo en la reencarnación. Incluso los budistas, que no creen en el alma, están de acuerdo. Algo muy extraño, porque ¿quién es capaz de reencarnar? Ni siquiera los budistas pudieron negar el fenómeno de la reencarnación, aunque pudieron negar la existencia del alma; ellos dicen que el alma no existe pero que la reencarnación sí. Y les resultaba muy difícil demostrar la reencarnación sin el alma; eso parece casi imposible. Pero hallaron un modo; por supuesto, es muy sutil y muy difícil de comprender, pero parecen ser los más cercanos a la verdad.

Es fácil comprender que hay un alma y que cuando mueres el cuerpo se queda en la tierra y el alma entra en otro cuerpo, en otro útero; eso es algo simple, lógico, automático. Pero Buda dice que el alma no existe, que sólo es un *continuum*. Es como cuando enciendes una lámpara al anochecer y la apagas al amanecer. Se te podría preguntar: ¿estás apagando la misma luz que encendiste al anochecer? No, no es la misma luz, no obstante, hay una continuidad. Por la noche, cuando enciendes la lámpara, esa llama ya no está; la llama está continuamente desapareciendo y siendo reemplazada por otra. La sustitución es tan rápida que no se pueden ver los intervalos, aunque con instrumentos científicos sofisticados sí se pueden ver: una llama yéndose y otra surgiendo, ésa se va y otra asciende. Seguro que hay pequeñas pausas, pero no se pueden ver a simple vista.

Buda dice que al igual que la llama de la lámpara, que no es la misma y está cambiando constantemente (aunque en otro sentido sea la misma porque es el mismo *continuum*); de la misma forma, no existe un alma como una cosa, sino como una llama. Está cambiando continuamente, es como un río.

Buda no cree en los sustantivos, sólo cree en los verbos; y yo estoy completamente de acuerdo con él. Él se ha acercado más a la verdad, al menos en su expresión, es el más profundo.

Pero, ¿por qué Jesús, Moisés y Mahoma —las fuentes de las tres religiones que han nacido fuera de India— no hablaron de la reencarnación directamente? Por una determinada razón, la cual es que Moisés era consciente, porque Egipto y la India han estado en contacto constante. Se sospecha que, en el pasado, África formó parte de Asia y que el continente se separó lentamente. La India y Egipto estaban juntos, de ahí que haya tantas similitudes. Y no es extraño que el sur de la India sea negro; tiene parte de sangre negra en sus venas, no totalmente, pero si África estaba unida a Asia, seguro que ha habido mezcla entre indios y negros, y fue entonces cuando el sur de la India se volvió negro.

Moisés debía ser absolutamente consciente de la existencia de la India. Te sorprenderá saber que en Cachemira se dice que Moisés y Jesús están enterrados allí. Las tumbas están allí; una tumba para Moisés y otra para Jesús.

Moisés y Jesús vieron lo que le ocurrió a la India a consecuencia de la reencarnación. Por la teoría de la reencarnación, la India se volvió muy letárgica; no tiene prisa, no tiene sentido del tiempo, ni siquiera ahora. Aunque todo el mundo lleve un reloj de pulsera, no hay sentido del tiempo. Si alguien dice: «Iré a verte a las cinco en punto de la tarde», puede significar cualquier cosa. Puede que aparezca a las cuatro, a las seis o puede que no aparezca, ¡y no se toma a mal! No es que esté incumpliendo su promesa, ¡es que no hay sentido del tiempo! ¿Cómo habría sentido del tiempo si tienes a tu disposición toda la eternidad?, ¿a qué viene tanta prisa habiendo tantas vidas? Uno puede ir despacio; un día u otro tiene que llegar.

La teoría de la reencarnación hizo que la India se volviera muy lenta, embotada. Hizo que la India se volviera completamente inconsciente del paso del tiempo. Eso ayudó a la gente a posponer. Y si puedes dejar para mañana, hoy seguirás igual y el mañana nunca llega. Y la India sabe posponer, no sólo para mañana sino para la siguiente vida.

Como Moisés y Jesús visitaron la India, ambos lo sabían. Mahoma nunca visitó la India pero la conocía perfectamente, porque estaba muy cerca de ella y había tráfico constante entre la India y Arabia. Decidieron que sería mejor decirle a la gente: «Sólo hay una vida, ésta es la última oportunidad: la primera y la última. Si se te escapa, se irá para siempre». Se trata de una táctica para producir un intenso anhelo, para producir tal intensidad en la gente que puedan ser transformados fácilmente.

Entonces surge la cuestión: ¿Acaso Mahavira, Buda y Krisna no se dieron cuenta?, ¿No se percataron de que esta teoría de la reencarnación produciría letargo? Ellos estaban intentando una táctica completamente distinta. Y cada estrategia tiene su tiempo; una vez que ha sido utilizada, no se puede seguir utilizando para siempre. La gente se acostumbra a ella.

Cuando Buda, Mahavira y Krisna intentaron la táctica de la reencarnación lo hacían desde un ángulo completamente distinto. La India era un país muy rico en aquellos días, era considerado el país de oro del mundo, el más rico. Y en un país rico, el verdadero y el mayor problema es el aburrimiento. Eso es lo que está ocurriendo ahora en Occidente y en todos los países occidentalizados. El aburrimiento se ha convertido en el mayor inconveniente. La gente está totalmente aburrida, tanto que querrían morirse.

Krisna, Mahavira y Buda utilizaron esa situación. Le dijeron a la gente: «Una vida de aburrimiento no es nada. Tienes que vivir muchas vidas; si no escuchas, vivirás muchas más vidas, volverás a estar aburrido una y otra y otra vez. Es la misma rueda de la vida y la muerte que sigue girando».

Pintaron tan negro el aburrimiento que la gente, que ya estaba aburrida incluso con una vida, se involucró profundamente en la religión. Uno tiene que deshacerse de la vida y la muerte; uno tiene que deshacerse de este círculo vicioso de nacimiento y muerte. Por lo tanto, esto era relevante en aquellos días.

Luego, la India se volvió pobre. En cuanto el país empobreció, el aburrimiento desapareció. Un hombre pobre nunca se aburre, recuérdalo;

sólo un hombre rico puede permitirse el aburrimiento, es un privilegio. Para un hombre pobre, sentir aburrimiento es imposible; no tiene tiempo. Se pasa todo el día trabajando, y cuando llega a casa está tan cansado que se queda dormido. No necesita tener muchas cosas con las que entretenerse —televisión, cine, música, museos—, no necesita tener todas esas cosas, y no puede tenerlas. Su único entretenimiento es el sexo: una cosa natural, innata. Por eso en los países pobres el índice de natalidad es más alto que en los países ricos; el sexo es el único entretenimiento.

Si quieres reducir la población en los países pobres, dales más entretenimiento. Dales televisores, radios, cine, algo que los mantenga distraídos del sexo.

He oído que las parejas americanas están tan obsesionadas con la televisión que incluso hacen el amor mientras la miran. Hacer el amor es secundario, la televisión es lo principal. No se quieren perder el programa que se está emitiendo.

Los países pobres sólo conocen un entretenimiento porque no pueden permitirse ningún otro; sólo tienen el entretenimiento connatural. Así que los países pobres se vuelven cada vez más poblados. Y no están hartos de la vida. ¿Qué vida tienen? Para estar harto de la vida, antes tienes que tener vida. Para estar harto del dinero, tienes que tener dinero. Para estar harto de las mujeres, tienes que tener muchas mujeres. Para estar harto el mundo, tienes que tener muchas experiencias de él.

En cuanto la India se volvió pobre, la teoría de la reencarnación se convirtió en un escape, en una esperanza; en lugar de aburrimiento se convirtió en una ilusión, en una posibilidad de posponer. «En esta vida soy pobre. No hay por qué preocuparse; hay muchas vidas; en la próxima vida me esforzaré un poco más y seré rico. En esta vida tengo una mujer fea, pero no hay por qué preocuparse, sólo será por una vida; la próxima vez no volveré a cometer el mismo error. Esta vez estoy sufriendo por mis karmas pasados. No cometeré malas acciones en esta vida y así podré disfrutar en la próxima vida». Esa se convirtió en una forma de posponer.

Jesús lo vio, y se dio cuenta de que la táctica ya no estaba funcionando como debía. La situación había cambiado. Por lo tanto, Jesús tenía que crear otra estrategia: sólo hay una vida, así que si quieres ser religioso, si quieres meditar, si quieres convertirte en un buscador, debes serlo ahora mismo, porque el mañana no es fiable. Puede que no haya un mañana.

Por eso Occidente se ha vuelto tan consciente del tiempo; todo el mundo tiene prisa; que fue generada por el cristianismo. Sin embargo, la táctica ha vuelto a fallar. Ninguna estrategia puede funcionar para siempre.

Mi propia experiencia es que una determinada táctica sólo funciona mientras el maestro está en vida, porque él es su alma; la maneja de tal forma que funciona. Una vez que el maestro se ha ido, la táctica pierde su uso o la gente empieza a encontrar nuevas interpretaciones de ésta.

Ahora, en Occidente, la estrategia ha fallado por completo; ahora se ha convertido en un problema. La gente tiene una prisa, tensión y ansiedad constantes, porque sólo hay una vida. Jesús quería que recordaran: como sólo hay una vida, piensen en Dios; ¿y qué están haciendo? Como sólo hay una vida quieren beber, comer y divertirse, ya que no hay otra vida. Así que complácete todo lo que puedas. ¡Exprímele todo el jugo a la vida ahora!, ¿a quién le importa lo que pueda ocurrir el día del juicio final?, ¿quién sabe si el día del juicio final existirá o no?

> En un instituto para chicas había un profesor que era un viejo rabo verde. No podía decir nada sin hacer algún tipo de comentario obsceno. Finalmente, las chicas decidieron que la próxima vez que lo hiciera todas se levantarían de sus pupitres y abandonarían la clase.
>
> A la mañana siguiente, el profesor entró en la clase y dijo directamente: «Atención, chicas, he oído que ayer llegó al puerto un barco con treinta marineros negros a bordo. Imagínense, treinta enormes falos negros...»En ese momento todas las chicas de la clase se levantaron y empezaron a salir.

«Tranquilas, chicas —les gritó el profesor cuando se iban—, no hay por qué tener prisa. Se van a quedar dos semanas.»

En Occidente ha surgido una gran prisa para todo, porque no hay otra vida.

Mary y John viven en el mismo edificio de apartamentos en la ciudad de Nueva York. Un día se ven y se enamoran instantáneamente, pero no establecen ningún contacto. Las cosas siguen así durante seis meses hasta que John no puede soportar más la tensión y la invita a su apartamento a tomar algo. Vacilante, ella dice que sí, y tan pronto llegan al piso cierran la puerta, se apresuran hacia la alcoba y se lanzan a la cama.

Unos minutos después, John le dice con voz ronca: «Oye, lo siento mucho, si hubiese sabido que eras virgen me habría tomado más tiempo».

Y Mary le replica: «Bueno, si hubiese sabido que tenías más tiempo, ¡me habría quitado los calzones!».

¡Qué prisa! Qué manía con la velocidad, más rápido, más rápido. A nadie le importa adónde vayas, pero hay que ir rápido; inventar vehículos más veloces.

Y todo esto ha ocurrido por la táctica, que funcionó en tiempos de Jesús. Se pasaba todo el tiempo diciéndole a la gente: «¡Estén atentos! El día del juicio está muy cerca. Verán el fin del mundo en vida propia porque no hay otra vida. ¡Si no la aprovechan serán arrojados al infierno para toda la eternidad!». Simplemente estaba creando una atmósfera psicológica. Funcionó mientras estuvo en vida y unos pocos días más, después de irse. Siguió funcionando poco tiempo más gracias a que los discípulos más cercanos aún tenían algo del temple de Jesús, cierta aura; pero luego se produjo el efecto opuesto.

Eso ha generado la civilización más mundana que se haya conocido jamás. Y lo que se pretendía con la idea de una sola vida era que la gente prestara atención y fuera consciente para volcarse en la búsqueda de Dios y así abandonar todos los demás deseos y ocupaciones. Toda su vida se centraría en una búsqueda, una indagación de Dios. Eso era lo que pretendía esa táctica. Pero el resultado final ha sido que la gente se ha vuelto completamente mundana, porque no hay más vidas, sólo una; ¡disfrútala todo lo que puedas! Gózala, no la pospongas para mañana.

La táctica india fracasó porque la gente se volvió letárgica. Funcionó con Buda, él originó uno de los mayores movimientos en el mundo. Miles de personas renunciaron a sus vidas, se hicieron *sannysins*. Eso significa que dedicaron toda su energía a la búsqueda de la verdad, porque creó tal atmósfera de aburrimiento que si perdías la ocasión estarías aburrido.

Pero más tarde ocurrió todo lo contrario. Y siempre será así. Los maestros acaban siendo malinterpretados. Y la gente es tan astuta, tan diplomática, que puede descubrir formas de destruir por completo la táctica.

Jesús sabe perfectamente que la vida es eterna, que la reencarnación es un hecho. La menciona de formas indirectas; puede que la haya comunicado a sus discípulos más cercanos, pero no en público; por una sencilla razón: ha visto que eso había fracasado en la India, tenía que intentar algo distinto.

Yo estoy creando nuevas tácticas porque las que ya había han fracasado. Sé perfectamente que mis tácticas sólo funcionarán mientras esté aquí y que acabarán fracasando al igual que lo han hecho todas las demás. No me hago ilusiones de que mis estrategias se vayan a mantener para siempre tal como las he creado. Cuando no esté aquí, la gente las distorsionará. Pero eso es natural, hay que aceptarlo, no hay que preocuparse por ello.

Por eso, los que estén aquí, por favor, estén alertas y utilicen estas tácticas con la máxima intensidad posible. Mientras yo esté aquí, esas tácticas funcionarán perfectamente. Mis manos pueden crear grandes situaciones para la transformación interior, pero cuando mis manos ya no sean visibles, estas mismas tácticas acabarán en manos de los eruditos y los doctos; entonces se repetirá la misma historia que en el pasado.

Estén atentos, observadores. No pierdan el tiempo.

■ **Un amigo, doctorado en informática, cuya tesis trató de la
inteligencia artificial, dice que el hombre no es más que una
computadora bioquímica. Buda dijo que todas las cosas son
compuestos y no existe ni el alma ni el espíritu ni el «yo»,
lo cual parece coincidir con el punto de vista de mi amigo.
¿Podrías ayudarme, por favor?, porque creo que en estas
perspectivas falta algo que yo mismo no puedo ver.**

Es cierto que el hombre es una computadora biológica, pero también
es algo más.

La mayoría de la gente puede ser considerada como una computadora biológica y nada más. Normalmente, uno sólo es el cuerpo y
la mente, y ambos son compuestos. A no ser que uno se acerque a la
meditación, no podrá encontrar ese algo más, ese algo que trasciende
al cuerpo y la mente.

Los psicólogos, especialmente los conductistas, llevan medio siglo
estudiando al hombre, pero sólo estudian al hombre corriente y, por
supuesto, sus tesis son confirmadas en todos sus estudios. En el hombre
común, el hombre inconsciente, no hay nada más que el compuesto
cuerpo-mente. El cuerpo es la parte externa de la mente y la mente
es la parte interna del cuerpo. Ambas cosas han nacido y ambas cosas
morirán un día.

Pero hay «algo más» que hace que la persona sea despierta, iluminada, Buda o Cristo. Pero Pavlov, Skinner, Delgado y demás no disponen de Buda o de Cristo para estudiarlos. Su estudio se circunscribe
al hombre inconsciente y, claro, si estudias a este tipo de hombre, no
encontrarás nada trascendental en él. En el hombre inconsciente lo
trascendental sólo es un potencial, una posibilidad; todavía no se ha
realizado, aún no es una realidad. Por lo tanto, no puedes estudiarlo.

Sólo puedes estudiarlo en un hombre como Buda, pero incluso
entonces estudiarlo es, obviamente, muy difícil, casi imposible, porque
lo que estudies en Buda de nuevo se limitará a su comportamiento.
Si estás convencido de que no hay nada más, si ya has llegado a esa
conclusión, entonces sólo verás reacciones mecánicas; no verás su

espontaneidad. Para verla, tú también tienes que volverte un participante en la meditación.

La psicología sólo podrá ser verdadera cuando la meditación forme parte de sus cimientos. La palabra «psicología» significa ciencia del alma. La psicología moderna todavía no es una ciencia del alma.

Buda ciertamente ha negado el ego, el «yo». No negó el alma. El yo y el alma no son sinónimos. Negó el yo porque éste sólo existe en el hombre inconsciente. El hombre inconsciente necesita cierta idea del «yo»; si no la tiene carecería de un centro. No conoce su verdadero centro, tiene que inventarse uno falso para poder funcionar en el mundo; de otro modo, le sería imposible. Necesita cierta idea del «yo».

Seguramente has oído la famosa frase de Descartes: «*cogito ergo sum*; pienso, luego existo».

> Un estudiante le preguntó a un profesor que estaba enseñando la filosofía de Descartes: «Señor, yo pienso, pero, ¿cómo sé que existo?».
>
> El profesor hizo gesto para escudriñar a los estudiantes e inquirió: «¿Quién ha preguntado?».
>
> «Yo», contestó el estudiante.

Uno necesita cierta idea del «yo»; de no ser así, le sería imposible funcionar. Como no conocemos el verdadero «yo» lo sustituimos por un falso «yo»; algo inventado, un compuesto.

Buda niega el yo porque, para él, «yo» simplemente es otro nombre del ego con una ligera capa de pintura de espiritualidad, ésa es la única diferencia.

Su palabra es *anatta*. *Atta* significa «yo», *anatta* significa «no-yo». Pero no niega el alma. De hecho, el alma sólo se llega a conocer cuando se abandona por completo el yo. Buda no dice nada acerca de ella porque no se puede decir nada.

Su enfoque es la *vía negativa*. Él dice: «Tú no eres el cuerpo, no eres la mente, no eres el yo. Continúa negando, eliminando todo aquello que puedas concebir y, después, no dice nada. Lo que queda es tu realidad, ese cielo puro sin nubes, sin pensamiento, sin identidad, sin emoción, sin deseo, sin ego: no queda nada. Todas las nubes han desaparecido... sólo el cielo puro».

Es inexpresable, innombrable, indefinible. Por eso, Buda mantuvo un completo silencio al respecto. Él sabe que si te dice algo al respecto, inmediatamente volverás a saltar a tu vieja idea del yo. Si hubiese dicho: «El alma no existe», ¿qué entenderías? Pensarías: «Él lo llama alma y nosotros lo llamamos yo; es lo mismo. Quizá el yo supremo, el yo espiritual; no es el simple ego normal». Pero, espiritual o no, la cuestión es la idea de ser una entidad separada. Buda niega que seas una entidad separada del todo. Eres uno con la unidad orgánica de la existencia, así que no hay por qué hablar acerca de tu separación. Incluso la mera palabra «alma» te dará cierta idea de separación; lo entenderás a tu propio modo inconsciente.

Tu amigo dice que el hombre sólo es una computadora bioquímica; ¿acaso un computadora puede decir eso?, ¿puede negar el yo, el alma? Ninguna una computadora biológica o de cualquier otro tipo tiene idea del yo o el no-yo. Sin embargo, tu amigo está haciéndolo, así que está claro que no es una computadora bioquímica. ¡Ninguna computadora bioquímica puede escribir una tesis sobre la inteligencia artificial!, ¿crees que la inteligencia artificial puede escribir una tesis sobre la inteligencia artificial? Se requiere algo más.

Es un error pensar que Buda coincide con este punto de vista; en absoluto. La experiencia de Buda es de meditación. Sin meditación, nadie puede tener ni la menor idea de lo que Buda está hablando. La observación de tu amigo está hecha desde la perspectiva de un científico, no desde su experiencia, desde su percepción. Está estudiando los ordenadores bioquímicos, la inteligencia artificial, desde fuera. ¿Puedes imaginar a dos computadoras estudiándose una a la otra? Una computadora sólo puede saber lo que se le ha introducido; eso es lo único que puede tener. Hay que darle la información, y él la guarda en su memoria; es un sistema de memoria. Puede hacer milagros en el campo de las matemáticas; una computadora puede ser mucho más eficiente que cualquier Albert Einstein en lo que a matemáticas se refiere, pero no puede ser un meditador. ¿Te imaginas a una computadora sentada en silencio sin hacer nada, y llega la primavera y la hierba crece por sí sola...?

Hay muchas cosas imposibles para una máquina; una computadora bioquímicano puede enamorarse; aunque pongas muchas máquinas juntas, ¡no se enamorarán! Una computadora no puede tener ninguna experiencia de belleza, no puede conocer felicidad alguna, no puede tener conciencia, es incapaz de experimentar silencio. Éstas son las cualidades que demuestran que el hombre tiene algo más que inteligencia artificial.

La inteligencia artificial puede hacer trabajo científico, matemático, cálculos, de forma muy rápida y eficientemente, porque es una máquina. Pero ésta no puede ser consciente de lo que está haciendo. No puede sentir aburrimiento, no puede experimentar la falta de sentido, no puede sentir angustia. Una computadora no puede hacer una indagación acerca de la verdad, no puede renunciar al mundo y convertirse en un buscador, no puede retirarse a las montañas o a los monasterios. No puede concebir nada más allá de lo mecánico, y todo lo que es importante está más allá de lo mecánico.

¿Cómo puede uno distinguir entre el iluminado amor a uno mismo y la egolatría?

La distinción es sutil pero muy clara, no es difícil. Si tienes egolatría, ésta te producirá más y más desdicha. La desdicha indicará que estás enfermo. La egolatría es una enfermedad, un cáncer del alma. Te irá tensando más y más, no te permitirá el más mínimo descanso, acabará conduciéndote a la locura.

El amor a uno mismo es justo lo contrario a la egolatría. En el amor a uno mismo no hay yo, sólo amor. En la egolatría no hay amor, sólo yo. En el amor a uno mismo empezarás a relajarte cada vez más. La persona que se ama a sí misma está completamente relajada. Amar a otra persona puede producir un poco de tensión, porque el otro no tiene por qué estar siempre en sintonía contigo. El otro puede tener sus propias ideas. El otro es un mundo diferente; hay muchas posibilidades de colisión, de choque. Hay muchas probabilidades de rayos y truenos porque el otro es un mundo diferente. Siempre existe una lucha sutil. Pero cuando te amas a ti mismo, no hay nadie más; no hay conflicto, es puro silencio, es un inmenso deleite. Estás solo; nadie te molesta, no se necesita al otro para nada. Y para mí, una persona que se ha vuelto capaz de un amor tan profundo hacia sí misma se vuelve capaz de amar a los demás. ¿Cómo vas a amar a los demás si no puedes amarte a ti mismo? Para que el amor se extienda a los demás, antes tiene que ocurrir en tu inmediatez, tiene que ocurrir en tu interior.

La gente intenta amar a los demás sin darse cuenta de que ni siquiera se han amado a sí mismos. ¿Cómo vas a amar a otros? No se puede compartir aquello que no se tiene. Sólo se puede dar a los demás aquello que ya se tiene.

Así que el primer paso, y el más fundamental, es el amor a uno mismo; pero en eso no hay yo.

Déjame que te lo explique: el yo sólo surge por contraste con el tú. Yo y tú existen juntos. Entonces, el yo puede existir en dos dimensiones. Una dimensión es «yo-ello»: tú, tu casa, tu automóvil, tu dinero. Este «yo-ello» es casi como una cosa. No es conciencia; está dormido, roncando. Tu conciencia no está ahí. Tú eres igual que las cosas, eres una cosa entre las cosas: eres parte de tu casa, parte de tu mobiliario, parte de tu dinero.

¿Te has dado cuenta? Cuando un hombre es demasiado avaricioso con el dinero, poco a poco empieza a tener las cualidades del dinero. Se convierte en dinero. Pierde espiritualidad, deja de ser un espíritu, acaba reducido a cosa. Si amas el dinero, te volverás como él. Si amas tu casa, poco a poco, te irás volviendo material. Uno se convierte en aquello que ama. El amor es alquímico. Nunca ames la cosa equivocada, porque te transformará. Nada es tan transformador como el amor. Ama algo que pueda elevarte a cimas más altas. Ama algo más allá de ti.

Ése es el efecto de la religión: darte a amar un objeto como Dios para que no haya forma de caer. Uno se tiene que elevar.

Un tipo de yo existe y es «yo-ello». Cuando amas a una persona, surge en ti otro tipo de yo: el «yo-tú». Si amas a una persona, te conviertes en una persona.

¿Pero qué ocurre con el amor a uno mismo? No hay «ello» ni hay «tú». El yo desaparece porque el yo sólo puede existir en dos contextos: «ello» y «tú».

Yo es la figura, «ello» y «tú» funcionan como el medio. Cuando el medio desaparece, el yo desaparece. Cuando te quedas solo, eres, pero no tienes un yo, no sientes ningún yo. Eres simplemente una profunda *soydad*. Normalmente decimos «yo soy». En ese estado, cuando estás profundamente enamorado de ti mismo, el «yo» desaparece. Sólo queda *soydad*, pura existencia, puro ser. Te llenará de una gran felicidad. Hará de ti una celebración, un regocijo. No habrá ningún problema para distinguir entre lo uno y lo otro.

Si cada vez te sientes más desdichado, estás en el juego de ser un ególatra. Si cada vez te sientes más tranquilo, silente, feliz, centrado, estás en otro juego: el juego del amor a uno mismo. Si estás en el juego del ego serás destructivo para los demás, porque el ego intenta destruir el «tú». Si vas en la dirección del amor a uno mismo, el ego desaparecerá. Y cuando eso ocurre le permites al otro ser él mismo; lo dejas en libertad total. Si no tienes ego alguno no puedes construir una prisión para la persona que amas; no puedes construir una jaula. Permites que el otro sea un águila que vuela alto por el cielo. Dejas que el otro sea; das total libertad. El amor da total libertad. El amor es libertad para ti y para los objetos de tu amor. El ego es una prisión para ti y para tu víctima.

Pero el ego te puede jugar grandes tretas, es muy astuto y muy sutil en sus formas: puede aparentar ser amor a uno mismo.

Déjame que te cuente una anécdota.

La cara del mulá Nasrudin se iluminó al reconocer al hombre que iba bajando las escaleras del metro por delante de él. Le dio una palmada en la espalda tan acaloradamente que el hombre casi se cae, y le dijo a gritos: «¡Goldberg, apenas te he reconocido! Has engordado quince kilos desde la última vez que te vi. Además te has arreglado la nariz, y juraría que eres medio metro más alto».

El hombre lo miró enfadado. «Perdón —le dijo en un tono gélido—, pero yo no soy ese tal Goldberg.»

«¡Anda! —exclamó el mulá Nasrudin—, ¡incluso te has cambiado el nombre!»

El ego es muy astuto y muy auto-justificativo, muy auto-racionalizador. Si no estás alerta puede empezar a ocultarse tras el amor a uno mismo. La propia expresión «uno mismo» se convertirá en una protección para él. Puede decir: «Yo soy tú mismo». Puede cambiar su peso, su talla, su nombre. Y como sólo es una idea, no hay ningún problema: se puede hacer pequeño o grande. Sólo es tu fantasía.

Ten mucho cuidado. Si realmente quieres crecer en amor, requerirás mucha cautela. Hay que dar cada paso con plena alerta para que el ego no pueda encontrar ningún agujero en el que ocultarse.

Tu verdadero ser no es ni «yo» ni «tú»; no está en ti ni el otro. Tu verdadero ser es totalmente trascendental. Lo que llamas «yo» no es tu verdadero ser. El yo es impuesto en la realidad. Cuando llamas a alguien «tú», no te estás dirigiendo al verdadero ser del otro. Le has vuelto a imponer una etiqueta. Cuando se retiran todas las etiquetas queda el verdadero ser, que es tan tuyo como de los demás. El verdadero ser es uno.

Por eso decimos que participamos unos seres de los otros.

Nuestra verdadera realidad es Dios. Puede que seamos como los icebergs flotando en el océano, parecen estar separados, pero cuando nos fundimos, no quedará nada. La definición y la limitación desaparecerán, y el iceberg no estará ahí, se volverá parte del océano.

El ego es un iceberg, derrítelo, fúndelo en amor profundo para que desaparezca y te vuelvas parte del océano.

He oído...

El juez, con un aspecto muy severo, dijo: «Mulá, tu esposa dijo que la golpeaste en la cabeza con un bat de beisbol y que tiraste por la escalera. ¿Qué tienes que decir en tu defensa?».

El mulá Nasrudin se frotó un lado de la nariz con la mano y meditó. Finalmente, dijo: «Señoría, imagino que este caso tiene tres versiones: la historia de mi mujer, mi historia y la verdad. Usted ha oído decir que la verdad tiene dos versiones, pero, en realidad tiene tres»

Así es, tiene toda la razón. Existe tu historia, mi historia y la verdad; yo, tú y la verdad.

La verdad no es ni yo ni tú. Yo y tú es una imposición en la inmensidad de la verdad. El «yo» es falso, el «tú» es falso; útil, práctico en el mundo. Sería muy difícil desenvolverse en el mundo sin el «yo» ni el «tú». Utilízalos, pero sólo son instrumentos del mundo. Ni el «tú» ni el «yo» existen en realidad. Existe algo, alguien, alguna energía sin limitaciones, sin fronteras. Procedemos de ello y desaparecemos en ello.

▨ **Te he oído decir que Buda no hablaba de Dios porque no se podía demostrar. No obstante, acto seguido, habla de otras vidas y de la reencarnación. ¿Cómo encaja esto como hecho científico?**

Buda dice que el alma no existe. ¿Qué queda entonces después de la muerte? ¿Qué es la reencarnación? Vagamente entiendo que lo que queda puede ser lo sin forma, pero ¿puede eso tener una entidad individual? La misma ola no renace.

La pregunta es muy significativa. Una de las más fundamentales contribuciones de Buda a la conciencia humana es la idea del no-yo. Es muy compleja. Tendrás que estar en silencio y muy atento para comprenderla, porque es contraria a todos los patrones a los que te han condicionado.

Antes, mencionaré algunas analogías para que te hagas una pequeña idea de lo que quiere decir con no-yo. Tu cuerpo es una bolsa de piel. La piel define tu cuerpo; define dónde empiezas tú y el mundo. Es una demarcación en torno a ti. Te protege del mundo, te separa de él, y sólo te deja algunas aberturas para entrar o dejar que el mundo entre en ti.

Sin piel, no podrías existir, perderías tus fronteras con todo lo que te rodea. Pero tú no eres tu piel; la piel va cambiando.

Es como la serpiente que va renovando su piel una y otra vez. También tú renuevas tu piel muchas veces. Si le preguntas a los fisiólogos, te dirán que un hombre que viva setenta años, cambiará toda su piel unas diez veces. Pero es un proceso muy lento, así que nunca lo notas. Es tan lento que no puedes sentirlo; tus sentidos no lo captan, no eres tan sensible. El cambio es muy sutil. La piel va cambiando, pero sigues creyendo que eso es tu mismo cuerpo. No es el mismo cuerpo, es un *continuum*.

El primer día en el útero de tu madre sólo eras una célula, invisible a simple vista; ésa era tu piel entonces, ése era tu cuerpo; luego, empezaste a crecer y nueve meses después, naciste; entonces tenías un cuerpo completamente distinto. Si de repente te encontraras contigo mismo, recién nacido, con un día de vida, serías incapaz de reconocerte. Has cambiado muchísimo, no obstante, crees que eres el mismo. En cierto modo sí eres el mismo, porque eres la misma continuidad; en cierto modo, no eres el mismo, porque has estado cambiando continuamente.

Pues bien, el ego es como la piel. La piel mantiene tu cuerpo en un patrón, en una definición, en un límite. El ego mantiene el contenido de tu mente en un límite. El ego es la piel interior para que puedas saber quién eres; si no, estarías perdido; no sabrías quién es quién, quién soy yo y quienes es el otro.

La idea del yo, el ego, te da una definición práctica, te separa claramente de los demás. Pero también es una piel muy sutil, que alberga todos los contenidos de tu mente: tu memoria, tu pasado, tus deseos, tus planes, tu futuro, tu presente, tu amor, tu odio, ira, tristeza, felicidad; mantiene todo eso en una bolsa. Pero tú tampoco eres ese ego. Porque eso también va cambiando y cambia más que la piel corporal; está cambiando continuamente.

Buda utiliza la analogía de la llama. Se enciende una lámpara: ves la llama, pero está cambiando continuamente, nunca es la misma. Por la mañana, cuando apagas la luz, no estás apagando la misma llama. Ha estado cambiando continuamente durante toda la noche.

A cada momento, la llama está desapareciendo en el humo y una nueva llama la está reemplazando tan rápidamente que no puedes ver la ausencia entre la llama que se va y la que viene. Esa llama se va y viene otra. El movimiento es tan veloz que no puedes ver el espacio entre las dos. Sólo hay una continuidad: no es la misma llama; no obstante, en cierto sentido, es la misma llama porque es su continuidad, ha nacido de la misma llama.

Igual que tú naciste de tus padres, eres una continuidad. No eres el mismo. Tú no eres ni tu padre, ni tu madre, no obstante, eres ambos porque tú continúas la misma tradición, la misma línea, el mismo linaje.

Buda dice que el ego es una continuidad, no una sustancia; continuidad como una llama, como un río, continuidad como el cuerpo.

El problema surge... podemos aceptar eso, puede que sea así: que cuando una persona muere, todo desaparece. Puede que sea verdad, puede que sólo sea una llama, pero Buda dice que las personas renacen; ahí surge el problema, ¿quién renace?

De nuevo, algunas analogías. ¿Has visto un edificio grande en llamas o un bosque en llamas? Si te fijas bien, verás cierto fenómeno: la llama simplemente salta de un árbol a otro. No tiene sustancia, sólo es una llama. No hay nada material en ella, sólo es energía pura, una determinada cantidad de energía; salta de un árbol a otro y el otro se incendia.

¿Qué ocurre cuando acercas una antorcha apagada a otra encendida? Que la llama de la antorcha encendida salta a la antorcha apagada. Es un *salto cuántico*. La llama salta hacia la otra antorcha y comienza otra continuidad.

Ahora mismo me estás escuchando. Si enciendes una radio, de repente, empezarás a escuchar una determinada transmisión de alguna emisora que está pasando por el aire en este momento. Sólo se necesita un receptor. Con un receptor, puedes captar lo que se esté emitiendo desde Londres, Moscú o Pekín.

No es ninguna sustancia, tan sólo son ondas de pensamiento saltando desde Pekín a Puna... Sólo ondas de pensamiento, nada sustancial. No puedes tomarlas con las manos, no puedes verlas, pero están ahí porque tu radio las capta, tu televisor las capta.

Buda dice que cuando una persona muere, todos los deseos y las memorias acumuladas en su vida, todos sus patrones de vida y sus karmas, saltan como ondas de energía a un nuevo útero. Es un salto. En física utilizan ese mismo término: lo llaman «salto cuántico», un salto de energía pura sin ninguna sustancia.

Buda es el primer físico cuántico. Einstein le siguió veinticinco siglos después, pero ambos utilizan el mismo lenguaje. Y yo todavía mantengo que Buda es científico. Su lenguaje es el de la física moderna; llegó veinticinco siglos antes de su tiempo.

Cuando una persona muere, el cuerpo desaparece, pero la parte inmaterial, la parte mental, es una vibración. Esa vibración es liberada, emitida. Cuando haya un útero adecuado para su vibración disponible, entrará en él. No hay un «yo» o un ego que se vaya. No hace falta nada sustancial, sólo es un impulso de energía. El énfasis recae en que, de nuevo, es la misma bolsa de ego saltando. Una casa se ha vuelto inhabitable, ya no se puede vivir más tiempo en un cuerpo.

El viejo deseo, la codicia por la vida; el término de Buda es *tanha*, codicia por la vida, está viva, ardiente. Ese mismo deseo da el salto.

Ahora escucha a los físicos modernos, ellos dicen que la materia no existe. ¿Ves esta pared tan sustancial a mi espalda? No puedes pasar a través de ella; si lo intentas, te harás daño. Pero la física moderna dice que no hay nada sustancial, que es simplemente energía pura moviéndose a tal velocidad que el movimiento produce la falsa ilusión, la apariencia de sustancia.

¿Te has fijado alguna vez en un ventilador girando rápido? No puedes ver las aspas. Hay tres aspas, pero se mueven tan rápido que parecen un círculo sólido, como un plato; no puedes ver los huecos entre dos aspas. Si el aire de un ventilador se moviese a la velocidad de los electrones, una velocidad tremenda, podrías sentarte sobre el aire y no te caerías. Podrías sentarte como yo estoy sentado sobre mi silla y no sentirías ningún movimiento, porque el movimiento es demasiado rápido.

Exactamente lo mismo está ocurriendo con esta silla y con el suelo que te sostiene. No es un suelo de mármol, eso sólo es una apariencia;

las partículas de energía se están moviendo tan rápido que su propio movimiento y velocidad, producen la ilusión de sustancia. La sustancia no existe, sólo existe la energía pura. La ciencia moderna dice que la materia no existe, que todo es energía inmaterial.

De ahí que mantenga que Buda es científico. Él no habla de Dios, sino del no-yo inmaterial. Tal como la ciencia moderna tomó la idea de la sustancia de sus metafísicos, Buda tomó la idea del yo de sus metafísicos. El yo y la sustancia son correspondientes. Creer que en ti existe el no-yo es tan difícil como creer que la pared es no-sustancial.

Ahora unas cuantas cosas que ayudarán a clarificarlo más. No puedo decir que lo vayas a comprender, pero lo aclarará más.

Vas caminando, saliste a dar un paseo matutino. La forma que decimos «vas caminando» produce un problema, que está en nuestro propio lenguaje. En cuanto decimos que alguien está caminando, asumimos que hay alguien que está caminando: el caminante. Preguntamos: ¿cómo es posible el caminar sin un caminante?

Buda dice que el caminante no existe, sólo el caminar. Buda dice que la vida no consiste en cosas sino en eventos; lo cual es, exactamente, lo que está diciendo la ciencia moderna: sólo existen procesos. No existen cosas sino eventos.

Ni siquiera decir que la vida existe es correcto. Sólo existen miles y miles de procesos de vida. La vida sólo es una idea, no existe tal cosa. Un día ves que en el cielo se han acumulado nubes negras y hay relámpagos y truenos. Cuando eso sucede, acaso cuando preguntas: «¿Hay algo tras el relámpago?, ¿quién es el relámpago?, ¿qué es el relámpago?». Por supuesto que no. Dirías: «El relámpago es simplemente el relámpago, no hay nadie tras él; sólo es un proceso. No es que haya algo que esté relampagueando. Es simplemente un evento».

La dualidad viene con el lenguaje. Estás caminando; Buda dice que sólo existe el caminar. Estás pensando; Buda dice que sólo existe el pensar, no el *pensador*. El «pensador» es creado por el lenguaje. El lenguaje que utilizamos está basado en la dualidad y lo convierte todo en dualidad.

Mientras estás pensando, hay una reunión de pensamientos, de acuerdo, pero no hay pensador. Si realmente quieres comprenderlo tendrás que meditar profundamente hasta llegar a un punto en el que pensar desaparece. Y en cuanto pensar desaparezca te sorprenderás: el pensador también se va. Junto con el pensar, también desaparece el pensador. Sólo era una ilusión de los pensamientos en movimiento.

Ves un río, ¿realmente existe el río o sólo es un movimiento?, si le quitas el movimiento, ¿habrá un río? En cuanto deje de moverse el río desaparecerá. No es que el río se esté moviendo; el río no es otra cosa que el fluir.

El lenguaje provoca dificultades. Por la particular estructura de sus lenguas, Buda sólo adquirió importancia, significación y arraigo en Japón, China y Birmania, porque sus lenguas son completamente diferentes. Es muy importante entender por qué adquirió tanta importancia en la mente china, por qué China pudo entenderle y la India no. La lengua de China es diferente y encaja perfectamente con la ideología budista. La lengua china no divide en dos. En las lenguas china, coreana, japonesa o birmana existe una estructura totalmente diferente a la del sánscrito, el hindi, el inglés, el griego, el latín, el francés o el alemán, una estructura completamente distinta.

La primera vez que se tradujo la Biblia al birmano hubo muchas dificultades, porque no había forma de traducir algunas frases, porque en cuanto las traduces, pierden todo su sentido. Por ejemplo, una simple frase: «Dios es», no puedes traducirlo al birmano. Si lo traduces, se convierte en «Dios se vuelve». «Dios es» no puede ser traducido porque no existe ningún término equivalente a «ser», porque «es» implica algo estático.

Nosotros podemos decir «el árbol es», pero en birmano se dice «el árbol se está volviendo». No hay equivalente para «ser». Para cuando has acabado de decir el árbol es, ya no es el mismo árbol, así que, ¿por qué decir «es»? «Ser» lo hace estático. Y no lo es, es un fenómeno como un río, «se está volviendo árbol». En birmano sería simplemente «volviéndose árbol». «El río es», si lo quieres traducir sería «río moviéndose». «Río *riando*» sería la traducción exacta al birmano.

Pero decir «volviéndose Dios» es muy difícil, porque los cristianos no pueden decirlo. Dios es perfecto, no puede «volverse». No es un proceso, no tiene posibilidad de crecimiento, ya ha llegado, es el absoluto; ¿a qué viene eso de «volviéndose»? Volviéndose es posible cuando alguien es imperfecto. Dios es perfecto, no puede volverse. Así que, ¿cómo traducirlo? Es muy difícil.

Sin embargo, Buda penetró inmediatamente en la mente birmana, china, japonesa y coreana. La misma estructura de sus lenguas lo hizo posible, les resultaba muy fácil entender a Buda.

En la vida sólo existen eventos. Existe el comer, pero no el comedor. Fíjate en el comer. ¿Hay realmente un comedor? Sientes hambre, de acuerdo, el hambre existe, pero no existe nadie que sea el comedor; entonces, comes; comer existe, pero no existe nadie que sea el comedor. El hambre se ha satisfecho, sientes saciedad; esta satisfacción existe, pero no hay nadie que esté satisfecho.

Buda dice que la vida consiste en eventos. Vida significa vivir. Vida no es un sustantivo, es un verbo. Y todo es un verbo. Observa y serás capaz de verlo: todo está volviéndose, nada es estático.

Eddington dijo que en el idioma inglés hay algunas palabras que son absolutamente falsas: por ejemplo, «reposo». Nada está nunca en reposo, la propia palabra es errónea porque no tiene equivalente en la realidad. ¿Has visto alguna vez algo en reposo? Incluso cuando estás descansando, no estás en reposo, estás en un proceso, algo está ocurriendo: todavía estás respirando, acostado, descansando, pero no en reposo. Muchas cosas están ocurriendo. ¿Has visto alguna vez algo en reposo?, es imposible, el reposo no existe. Incluso cuando una persona está muerta, el cuerpo continúa sus procesos.

Puede que lo hayas oído, algunas veces ocurre: los musulmanes, los cristianos, aquellos que entierran a sus muertos, algunas veces han notado que, aunque la persona esté muerta, su barba ha crecido, su cabello ha crecido, sus uñas han crecido, ¡y la persona está muerta!

Eso es muy extraño. Si afeitas a un hombre y lo metes en la tumba y seis meses más tarde la abres y tiene barba... ¿qué puedes pensar entonces?, ¿está vivo o muerto? Te aterrorizará, saldrás corriendo a tu casa y su cara se te aparecerá por la noche. ¿Qué ha ocurrido?, si el hombre está muerto, ¿cómo es que le ha crecido la barba? Y si su barba sigue creciendo, ¿está muerto de verdad o sólo lo está fingiendo?

La vida consiste en millones de procesos. Incluso cuando tu ego haya desaparecido de esta base, despegado de este aeropuerto y aterrizado en algún otro útero, todavía continuarán muchos procesos. Todos los procesos no se paran, porque hay muchos procesos que no tienen nada que ver con tu ego. Nada que ver con tu ego; aunque éste se vaya, ellos continuarán. El crecimiento del cabello, de las uñas, no tiene nada que ver con tu ego.

Y en cuanto el ego se vaya, inmediatamente, millones de pequeños microbios tomarán vida y empezarán a trabajar y a funcionar. ¡Serás como un mercado! En ese sentido estarás totalmente vivo. Estarán ocurriendo muchas cosas: muchos microbios corriendo a toda prisa de acá para allá, reproduciéndose, uniéndose, muriendo, todo eso estará ocurriendo. En cuanto lo dejes, tu cuerpo se convertirá en una pista de aterrizaje para mucha otra gente que estará esperando y pensando: «¡Por favor, vete ya!, déjanos entrar».

La vida es un proceso continuo; no sólo un proceso, sino muchos procesos, una continuidad.

Buda dijo que la verdadera causa de la idea del yo es el lenguaje. Sientes hambre: cuando hablamos, decimos «tengo hambre». El lenguaje genera la idea del «yo». ¿Cómo decirlo? Para ser exactamente correcto puedes decir sólo «hambre». Decir «tengo hambre» es ponerle algo absolutamente falso. Debes decir: «hambre», con eso es suficiente.

Observa tus procesos y los sentirás. Cuando hoy sientas hambre, obsérvalo. ¿Realmente hay alguien que tenga hambre o sólo hay hambre? Sólo es un patrón del lenguaje que le da un giro y lo divide en dos, y empiezas a sentir «tener hambre».

El budismo es la primera religión que trajo al mundo este mensaje. Nuestras religiones, nuestras filosofías, están basadas en nuestros patrones lingüísticos más que en ninguna otra cosa. Y si puedes comprender mejor tu lenguaje, podrás entender mejor tus procesos internos. Él fue el primer lingüista, y su perspectiva es enormemente significativa.

▨ Dices que Buda no habla de Dios porque no puede ser demostrado...

Es cierto, no hablaba de Dios porque no puede ser mostrado y porque el Dios que tú crees que existe, no existe. Tu Dios es, de nuevo, la misma falacia que el yo. Y como tú crees que tienes un yo, todo el universo tiene que tener su propio yo. Si tú tienes un yo, todo el universo debe tener un yo supremo, que es «Dios».

Buda dice que no tienes ningún yo. El universo es, pero no hay ningún yo supremo en él... Son millones de procesos, pero ningún yo supremo. No tiene un centro; todo es circunferencia.

Es muy difícil de comprender, a no ser que medites. Por eso Buda nunca entra en discusiones metafísicas; él dice: «Medita». Porque en la meditación esas cosas se vuelven muy claras. Cuando cesa el pensar, de repente, el pensador ha desaparecido. Era una sombra. Y cuando el pensador desaparece, ¿cómo puedes decir, cómo puedes sentirte «yo»?

No queda ningún yo, eres espacio puro. Lo que Buda llama *anatta*, el puro espacio del no-yo. Es una experiencia tremenda.

▨ ... Sin embargo, acto seguido, hablas de otras vidas y de la reencarnación.

Él habla y los budistas siempre han tenido problemas por ello. Buda es tan científico que no puede alterar los hechos. Si sólo hubiera sido un metafísico y no hubiera sido un hombre tan científico, habría aceptado el yo para hacer que toda su filosofía pareciese consistente, o bien habría abandonado la idea de la reencarnación, porque las dos cosas parecen contradictorias. Pero es tan científico que no impone nada de su mente a la realidad. Simplemente constata el hecho. Si es contradictorio, dice: «Puede que sea contradictorio pero es así».

Esto es lo que está ocurriendo en la ciencia moderna. Hace sólo cincuenta años, cuando los científicos entraron en el núcleo más profundo de la materia, se quedaron muy perplejos porque los electrones se comportaban de una forma muy ilógica.

Claro, a los electrones no les puedes forzar a ser lógicos, no puedes mandarlos a la universidad a que estudien a Aristóteles, no puedes decirles: «Están actuando ilógicamente, ¡compórtense!, ser así no está bien». Eso no se puede hacer. Si se comportan ilógicamente tienes que entenderlo, eso es todo; no se puede hacer nada.

Y la ilógica era muy grande, no era un asunto insignificante. Algunas veces el electrón se comportaba como una onda y otras como una partícula. Ambas cosas son imposibles, son no-euclidianos y no-aristotélicos, como si estos electrones no creyesen ni en Euclides ni Aristóteles; ¿qué están haciendo?, ¿es que nunca han oído hablar de Euclides?

Es simple geometría; todos la hemos aprendido en la escuela: que un punto no puede ser una línea y una línea no puede ser un punto. Una línea son muchos puntos unidos en secuencia, es decir, un simple punto no se puede comportar como una línea; de otro modo, toda la geometría estaría alterada. Pones un punto y vas al cuarto de baño, y cuando regresas, ¡se ha convertido en una línea!, ¿qué pensarías?

Pero eso es exactamente lo que está ocurriendo en el núcleo más profundo de la materia. Estás observando, y lo que parecía un punto, de repente, es una línea. Y es un salto, ni siquiera lo ves convertirse en una línea. En un instante del tiempo es un punto y en otro es una línea; ni siquiera crece hasta ser una línea, sólo cambia de un salto, extremadamente repentino e ilógico. Si creciera lentamente, podríamos entender que quizá fuera como una semilla, que germina y se convierte en árbol. De acuerdo, eso lo podemos entender. En un momento del tiempo es una semilla, en otro momento del tiempo crece y, poco a poco, se va convirtiendo en árbol. Eso lo entendemos.

Si un punto se convierte en una línea lentamente, seremos capaces de comprenderlo, pero ¿de repente? No sólo de repente, más ilógico es todavía que dos observadores en un mismo momento del tiempo, simultáneamente, puedan verlo, pero uno lo ve como un punto y el otro como una línea. ¿Qué hacer ahora?, ¿un observador lo está viendo como una semilla y el otro lo está viendo como un árbol?, ¿al mismo tiempo?

Toda la ciencia occidental procede de la lógica griega. Y estos electrones se estaban rebelando contra Aristóteles, no había forma de meterlos en cintura. Los científicos lo intentaron de muchas formas, porque la mente tiende a aferrarse a sus propios conceptos, a sus propios patrones. No es fácil relajarse y rendirse a estos estúpidos electrones.

Durante dos o tres décadas, los científicos estuvieron perplejos e intentaban encontrar alguna forma de solucionarlo o, al menos, de explicar lo que estaba ocurriendo. Pero, finalmente, tuvieron que ceder ante el hecho y aceptarlo. De ahí la física cuántica. *Quanta*, la propia palabra fue inventada; nunca había existido porque nunca el hombre se había encontrado con un fenómeno tan ilógico. *Quanta* significa un punto y una línea a la vez, simultáneamente, significa una partícula y una onda a la vez, simultáneamente. Teníamos que encontrar un nombre para algo que era absolutamente ilógico y para el que no teníamos ningún símbolo.

Y cuando la gente le pregunta a los científicos: «¿Cómo lo explican?, es ilógico», ellos dicen: «Es ilógico pero es así, y no podemos hacer nada al respecto». Tenemos que ajustarnos a la realidad. Si la realidad es ilógica, algo debe estar equivocado en nuestra lógica, eso es todo. Podemos cambiar la lógica, pero no podemos cambiar la realidad».

Eso es lo que ocurrió cuando Buda vino al mundo. Entró en el núcleo más profundo de lo que tú llamas «yo» y también se quedó perplejo. ¿Qué le vamos a hacer? No hay yo, y sí hay reencarnación. Si, en lugar de haber sido un gran científico hubiese sido un filósofo común y corriente, se habría olvidado por completo de todo el asunto. No habría hablado en absoluto de este hecho, habría elegido. La elección es simple: podría haber dicho que la reencarnación no existe porque el yo no existe...

Eso es lo que siempre ha dicho la gente que no cree en el alma. Los ateos, los materialistas, siempre han dicho que el yo no existe. Cuando mueres, simplemente mueres. Nada sobrevive y no hay renacimiento. Eso es simple y lógico. También hay eternalistas, teístas, gente que cree en el yo. Dicen que cuando mueres sólo muere el cuerpo y que tu centro, tu yo sobrevive. Tu alma, tu *atma* sobrevive; es eterna. Eso también es lógico.

Buda es muy ilógico, porque su determinación de no ir en contra de la realidad es absoluta. Donde pone énfasis es en lo que sea que nos revele la realidad, tenemos que aceptarlo. No estamos aquí para imponer nuestras ideologías. ¿Quiénes somos nosotros para hacerlo? Si esa es la realidad, algo funciona mal en nuestra lógica, en nuestro lenguaje, en nuestra manera de pensar. Eso es lo que tenemos que cambiar, en vez de eludir o de huir de la realidad. Parece el pensador más absurdo del mundo, porque ésta es una de las declaraciones más absurdas: que no existes pero renaces.

Es, obviamente, absurdo. Si no existes, ¿cómo vas a renacer? Y él contesta: «Eso no lo sé. No existes y renaces; eso lo sé, lo he visto. Y si quieres verlo tú, medita. Entra profundamente en tu ser como yo he entrado en el mío y también te quedarás perplejo, te sentirás muy confundido. Pero, poco a poco, te acomodarás a la realidad. Y, entonces, cambiarás tu lenguaje por completo».

Buda cambió por completo el lenguaje, el estilo filosófico. Nunca había existido un hombre tan original. Era casi imposible entenderlo porque no hablaba el mismo lenguaje que nosotros y estaba aportando algunas nuevas perspectivas al mundo.

No creer en el alma es muy antiguo, no hay nada nuevo en ello. Marx no dijo nada nuevo. Desde hace miles de años ha habido ateos que han negado el alma y el renacimiento. Tampoco Mahavira y Patanjali dijeron nada nuevo, porque siempre ha habido gente que ha creído en el alma y la reencarnación. Buda está aportando una perspectiva real, original. Dice que el alma no existe, no obstante, la reencarnación existe. Es un salto cuántico.

Así que cuando digo que él es un científico, va en serio. Y si entiendes el lenguaje de la física moderna, podrás entender a Buda. De hecho, es imposible entender a Buda sin entender la física moderna. Por primera vez, la física moderna ha proporcionado un análogo. Heisenberg, Planck, Einstein, ellos han proporcionado un equivalente: la materia ha desaparecido; sólo hay energía, no hay un yo en ella, no hay sustancia en ella. Que es lo mismo que lo que dice Buda: *anatta*, no-yo.

¿Cómo encaja esto como hecho científico?

Encaja perfectamente. En realidad, la pregunta de cómo encaja como hecho científico refleja que tu idea de la ciencia es decimonónica; no estás al tanto de la ciencia moderna, no estás al tanto de las últimas evoluciones. Tu idea de la ciencia es ortodoxa, antigua, desfasada. La ciencia ha cambiado enormemente. Si Newton regresara sería absolutamente incapaz de entender la ciencia, porque la ciencia ha cambiado muy deprisa, y su perspectiva se ha vuelto tan enigmática que los científicos están hablando como los metafísicos y los místicos.

Ahora no hablan como los matemáticos, hablan como los místicos y los poetas.

Vagamente entiendo que lo que queda puede ser lo sin forma.

No, no serás capaz de comprenderlo intelectualmente, porque tu «sin forma» volverá a tener cierta forma. ¿Cómo puedes concebir lo sin forma? La expresión está bien, pero en cuanto intentas concebirlo empieza a tomar forma inmediatamente, porque sólo se puede concebir la forma; lo sin forma no se puede concebir. Es una expresión vacía.

Puedes decir que Dios es sin forma, pero no puedes concebirlo. Incluso la gente que habla de un Dios sin forma cuando va a su culto, lo hace ante una forma. Existe una estatua, un ritual, un dios, una diosa, una forma. Un hombre como Shankara habla de lo sin forma, lo sin atributo, el *nirguna*. Pero su culto, su oración, es la del *saguna*, con atributo, con forma, porque concebir lo sin forma es imposible. La concepción sólo pertenece a la forma. Cualquier cosa que puedas concebir, por la propia posibilidad de ser concebida, tomará una forma. Así que no es más que una vaga idea.

Dices: «Vagamente entiendo que lo que queda puede ser lo sin forma». No, no se trata de comprender vagamente. Intelectualmente, no hay manera. La única manera es meditativa, existencial. No lo deduzcas por medio del intelecto, simplemente adéntrate más en la meditación, abre una nueva dimensión de perspectiva.

Nadie ha enfatizado tanto en la meditación como Buda. Todo su método es meditación.

¿Y qué es meditación? Es ir volviéndose, poco a poco, ausente de pensamientos. Una vez que los pensamientos desaparecen, todo es cristalino. El pensador sólo era producto de los pensamientos en movimiento. No era más que un manojo de pensamientos. No tiene existencia por separado.

Entonces, caminas, pero ya no hay caminante; comes, pero ya no hay nadie que esté comiendo; duermes, pero ya no hay nadie que esté durmiendo; vives, pero no hay nadie que esté viviendo; mueres, y no hay nadie que esté muriendo. Tú eres, pura y simplemente un espacio en el que existen millones de procesos, un lugar en el que la vida fluye con todos sus procesos, pero tú te mantienes al margen de todos ellos. Eres como un cielo abierto, las nubes vienen y van.

Uno de los apelativos más hermosos que se le han dado a Buda es *tathagata*. Significa «así vino, así se fue». No hubo nadie que viniera ni nadie que se fuera; sólo venida e ida. Ése es el significado de *tathagata*; tan sólo un proceso de venida y un proceso de ida.

Los maestros zen siempre han dicho que esa persona nunca existió, que esa persona llamada Gautama Buda nunca existió. Sí, ciertamente vino y también se fue, pero nunca existió. Es como el proceso del sueño. Un sueño viene y se va, por la mañana sabes que nunca existió.

Una vez que te entiendes a ti mismo como un espacio puro y muchas cosas ocurriendo, quedas desligado. Entonces pierdes el miedo, porque no hay nada que perder, no hay nadie que pueda perder nada. Dejas de estar lleno de ansia por vivir, porque no concibes ningún yo. Entonces no tienes miedo a la muerte y no sientes ansia por la vida, no piensas en el pasado ni proyectas el futuro. Entonces simplemente eres, tan puro como el inmenso cielo en el exterior; también te conviertes en un cielo puro en el interior. Y el encuentro de estos dos cielos, el interior y el exterior, es lo que Buda llama Nirvana.

Preguntas: «Vagamente entiendo que lo que queda puede ser lo sin forma, pero ¿puede eso tener una entidad individual?».

No, no tiene entidad individual.

La misma ola no renace...

Cierto. De hecho, si observas fijamente, ve al río o al mar y observa las olas, te sorprenderá notar algo en lo que nunca habías puesto atención. Cuando ves una ola viniendo hacia ti, en realidad no está viniendo nada, la ola nunca llega a ti. La ves moviéndose hacia ti, pero no se está moviendo. Una ola simplemente ayuda a otras olas a surgir. Esa ola ayuda a surgir a otra. Pero ocurre tan rápido que produce un espejismo, una ilusión, tú crees que es la misma ola que está viniendo hacia ti, pero nada está viniendo hacia ti.

Cuando surge una ola, por su impacto, surgen otras justo a su lado, otras olas. Por la fuerza de la primera ola, surge una segunda ola; por la fuerza de la segunda ola, nace una tercera ola y de ésta surge una cuarta, así es como surgen las olas. Pero producen la ilusión de que la misma ola está viniendo hacia ti. Nunca vienen. Cuando ves una ola surgir lejos en el horizonte, se queda ahí; nunca viene a ti.

Es posible que si lanzas una rama justo en mitad del río, esa rama vuelva a ti, pero no dejes que eso te engañe, la ola no está viniendo. Cuando una ola sube, mueve a otra ola, que sube y mueve a la tercera ola. Con las olas que suben y bajan, la rama viene a la orilla, pero las olas no vienen nunca. Esto es un hecho científico. Sólo parecen estar llegando.

Exactamente eso es lo que Buda está diciendo. «La misma ola no renace» No está diciendo que renacerás, sólo dice que hay un renacimiento.

Pero, en cierto modo, se puede decir que renacerás, porque será una continuidad. La ola A provoca la ola B, la ola B provoca la ola C, es una continuidad; el término correcto es *continuum*, que también procede de la física moderna.

Buda lo llama *santati*. Es como un niño que nace de ti: en cierto modo él es tú, sin embargo, no es tú, no totalmente. Él tendrá su propia personalidad, pero tú originaste la ola. Es la energía del padre y de la madre lo que genera una nueva ola. Esa ola se irá, quizá el padre muera, quizá la madre muera, pero esta ola continuará y, a su vez, originará otras olas a su propia manera, en su propio tiempo.

Santati, continuum. Tú no naces, sólo vuelven a nacer tus deseos; porque tú no existes, así que no puedes nacer. De ahí que Buda diga que si abandonas el deseo no volverás a nacer nunca. Por lo tanto, si comprendes la insignificancia del deseo y dejas de desear, no habrá nacimiento para ti.

Entonces, primero te conviertes en un *srotapanna*, entras en la corriente, empiezas a entender cómo son las cosas, qué son las cosas: el proceso de vida sin yo. Eso es lo que significa para él convertirse en un *srotapanna*, entrar en la corriente: entrar en la idea de la corriente, que la vida es como un río, que no es estática sino dinámica; que no existen las cosas, sólo eventos; un dinamismo, un fenómeno de energía.

Luego, poco a poco, según vas profundizando en esta corriente, te convierte en un *skridagamin*: sólo nacerás una vez más. Comprendes, pero tu comprensión aún no es total. Luego te conviertes en un *anagamin*: no volverás a nacer. Has comprendido por completo el fenómeno. En esa misma comprensión eres liberado.

Al adquirir la capacidad de volver a nacer, te conviertes en *arhat*: aquel que ha logrado, aquel que ha llegado. Ahora estoy utilizando un lenguaje no budista, así que estate atento. Tengo que utilizar un lenguaje no budista, estoy utilizando expresiones como: «uno ha llegado», porque no hay otra forma de decirlo, pero tienes que comprender: cuando digo «uno ha llegado», no hay «uno», sólo llegada... *llegando*, ni siquiera «llegada».

La perspectiva de Buda es muy existencial y no hay nada tan liberador como su perspectiva. Porque si crees en el alma, puede que dejes el mundo, pero entonces desearás el paraíso, porque no dejas tu yo. Los deseos pasan a una nueva dimensión. Abandonas la codicia, pero, en realidad, no la abandonas totalmente surge una codicia sutil.

Fíjate en el paraíso de los musulmanes, cristianos o hindúes. Tiene un aspecto muy mundano, profano. Allí te proporcionan todo aquello que estas religiones te piden que abandones aquí, ¡y en abundancia! Dicen: «No bebas alcohol» y en el paraíso musulmán, *phirdous*, hay ríos de alcohol. No hace falta comprarlo o pagarlo, no es necesario tener una licencia; simplemente saltas a él, te puedes bañar en él, puedes nadar en él. Entonces, ¿eso qué es?

En los países musulmanes, la homosexualidad ha sido tan prevalente que incluso eso se ha previsto. No sólo hay hermosas mujeres, también muchachos hermosos. Ahora eso parece horrible, pero es la mente humana ordinaria...

Cuando renuncias a algo, lo estás haciendo para recibir más; ésta es la lógica. Hermosas mujeres, los hindúes las llaman *apsaras*, los musulmanes las llaman *houris*... y también hay *gilmis*, hermosos muchachos; también disponen de guapos muchachos, porque también llegarán al cielo algunos homosexuales, ¿y qué harían?

Buda dice que, a no ser que abandones el yo, seguirás perpetuando el mismo sinsentido una y otra vez. Tu paraíso no será otra cosa que un mundo proyectado; el mismo mundo modificado, embellecido, decorado. Aquí en la tierra, las mujeres maduran, envejecen. En el paraíso hindú nunca envejecen; siempre tienen dieciséis años. Deben de estar muy hartas, tener siempre dieciséis años, sin pasar nunca de esa edad...

En realidad, ése es el deseo de toda mujer, tener siempre dieciséis años. Aquí nunca ocurre, pero «allí» sí. Después de los dieciséis, las mujeres crecen con reticencia: sus cumpleaños sólo llegan una vez cada tres o cuatro años. Pero ése ha sido el deseo, hacer permanente la belleza. Aquí es imposible. Ni siquiera con todos los adelantos científicos, instrumentos, pociones, cirugías plásticas y todo lo demás, no es posible. Uno envejecerá. En el paraíso —hindú, musulmán, cristiano, judío— ¡ha ocurrido ese milagro! Dios ha preparado un hermoso paraíso cerrado para ti. Está esperando. Si eres virtuoso, si obedeces, serás ampliamente recompensado; si desobedeces, irás al infierno. Así que el yo existe aquí como el centro del deseo, y Dios existe como el centro de cumplimiento de ese deseo.

Buda dice que ninguno de los dos existe, que te deshagas de ambos; ni Dios ni el yo existen. Enfócate en la realidad, no entres en los deseos. Abandona las fantasías, deja de soñar y enfócate en lo que hay. Y él dice que sólo existe este perecedero mundo de procesos, este mundo inestable, este vórtice de realidad... todo es perecedero y cambiante, nada es permanente.

Ése es su sentido, por eso insiste en que no existe el yo, porque estás intentando hacer permanente algo de ti. Piensas: «El cuerpo cambia, el mundo cambia, las relaciones cambian, se corrompen, de acuerdo. Pero el yo es eterno. Es cierto, este mundo visible cambia, pero el dios invisible es eterno». Quieres tan desesperadamente algo eterno que empiezas a creer en ello. Deseas que exista lo eterno. Buda dice que nada es eterno. Todo es perecedero, todo es transitorio. Entiende esto, y este mismo entendimiento te liberará.

Recuerda, cuando otros hablan de liberación, están hablando de liberación para el yo. Cuando Buda habla de liberación, se refiere a la liberación del yo. Y ése es un punto de vista tremendamente radical. No se trata de que tú seas liberado, sino que te liberes de ti. Según Buda, la única libertad verdadera es la libertad de ti. De no ser así, tu mente seguirá jugando juegos, pintando nuevos deseos en nuevos lienzos. Nada cambiará; puedes cambiar de lienzo, puedes irte del mercado y sentarte en un templo, nada cambiará, tu mente proyectará los mismos deseos en el cielo y en el paraíso.

Observa esta mente, sus deseos. Fíjate, observa atento. Tendré que recordártelo una y otra vez, porque estoy utilizando un lenguaje no budista. Así que cuando Buda dice que te vuelvas consciente, quiere decir «sé conciencia». No hay nadie que se vuelva consciente, sólo hay conciencia.

Es verdad que nunca volverás a nacer, pero si albergas la idea de que eres, permanecerás en un *continuum*. Si abandonas la idea del yo, el *continuum* desaparece; te evaporas. Eso es el Nirvana. Igual que cuando apagas una lámpara, la luz cesa, desaparece, cuando apagas tu mente deseadora, toda desdicha, migración y sufrimiento cesan. De repente, no estás.

Pero eso no significa que no haya nada. De ser así, no habría ninguna diferencia entre un ateo y un budista. Y hay una enorme diferencia. Buda dice que tú cesas y, por primera vez, la realidad se pone al mando. Pero nunca le puso ningún nombre, porque no es posible;

ponerle nombre es falsificarlo. Decir que existe es traicionarlo. No dice nada, mantiene un absoluto silencio al respecto. Indica la forma de experimentarlo, pero no desarrolla toda una filosofía en torno a ello.

¿Hay algo que un buscador tenga que preguntar, o todo ocurre por sí solo?

Todo ocurre por sí solo, pero un buscador tiene que estar alerta para no perder el tren.

El tren llega por sí solo, pero tú tienes que estar atento. A tu alrededor están ocurriendo muchas cosas; las veinticuatro horas, despierto o dormido, tienes que estar alerta a lo que está ocurriendo. Y cuanto más atento estés, te sorprenderás: ocurren las mismas cosas que ocurrían antes, pero el sentido ha cambiado; la relevancia es diferente.

La rosa es la misma rosa, pero ahora está radiante, la rodea una nueva energía, una nueva belleza que nunca habías notado. Es como si antes sólo pudieras ver su exterior y ahora puedes ver su mundo interior. Antes solías mirar al palacio desde fuera; ahora has entrado, accederás hasta las habitaciones más privadas. Has visto la luna cientos de veces, pero cuando la ves en silencio, en paz, meditativamente, adquieres conciencia de una belleza nunca antes conocida, una belleza que, normalmente, no está al alcance de la mano, una belleza para la cual se necesita desarrollar algo de perspectiva. Y esa perspectiva se desarrolla en el silencio, en la paz.

Ocurrió un incidente muy relevante. Uno de los poetas indios, Rabindranath Tagore, tradujo uno de sus libritos de poemas, *Gitanjali*, «Ofrenda de canciones». Por ese librito le concedieron el premio Nobel. En la India llevaba en la calle más de quince años. Pero, a no ser que un libro alcance un estándar de lenguaje internacional y adquiera apreciación internacional, será muy difícil que gane un premio Nobel. El propio Rabindranath estaba un poco preocupado, porque lo tradujo él mismo, y traducir poesía es, siempre, un asunto muy difícil. Traducir prosa es sencillo; traducir poesía es inmensamente difícil, porque la prosa es del mercado, pero la poesía es algo del mundo del amor, de la belleza, del mundo de la luna y las estrellas.

Es un asunto delicado. Cada idioma tiene sus propios matices que son intraducibles. Así que aunque el poeta traduzca su propia poesía, tiene dudas acerca de la traducción. Se la mostró a uno de los misioneros cristianos, muy famoso en aquellos días,

C. F. Andrews, un hombre muy versado, culto y sofisticado.

Andrews sugirió cuatro cambios, dijo: «Sólo hay cuatro faltas gramaticales, todo lo demás es correcto». Así que Rabindranath simplemente aceptó su consejo y cambió esas cuatro faltas.

Su amigo, el poeta irlandés Yeats, convocó una reunión en el Londres de los poetas ingleses para escuchar la traducción de Rabindranath. Todo el mundo la apreció; su belleza era algo absolutamente nuevo en el mundo occidental. Pero Yeats, que era el poeta más prominente de Inglaterra en aquellos días, dijo: «Todo está bien, pero hay cuatro puntos en los que parece que alguien que no es el poeta ha hecho algunos cambios».

Rabindranath no se lo podía creer. Le preguntó: «¿Cuáles son esos cuatro puntos?».

Yeats señaló los cuatro puntos que Rabindranath había cambiado, siguiendo el consejo de Andrews. Rabindranath preguntó: «¿Qué ocurre con esas líneas?».

Yeats contestó: «No hay nada erróneo, gramaticalmente son correctas. Pero poéticamente... quienquiera que las sugiriese es alguien que conoce la gramática pero no conoce la poesía. Es un hombre de mente, no es un hombre de corazón. El flujo se ha obstruido, como un río que se encuentra con una roca».

Rabindranath le explicó: «Le pedí a Andrews que lo revisara; éstas son sus palabras. Éstas son las palabras que yo había puesto en esos puntos». Y cuando puso sus palabras, Yeats dijo: «Son absolutamente correctas, aunque gramaticalmente erróneas, pero la gramática no es importante. Cuando se trata de poesía, la gramática no es relevante. Vuelve a cambiarlo, pon tus propias palabras».

Yo siempre he pensado que hay caminos de la mente y caminos del corazón; no tienen que apoyarse entre sí necesariamente. Si se da el caso de que la mente no está de acuerdo con el corazón, la mente se equivoca. Que estén de acuerdo o no, no importa. Lo que importa es que tu corazón se sienta cómodo, en paz, en silencio, en armonía, en casa.

Hemos sido adiestrados para la mente, así que nuestra mente es muy articulada. Y nadie le hace caso al corazón. En realidad, todo el mundo lo deja de lado porque no es útil en el mercado o en el mundo de las ambiciones, en la política o en los negocios. Pero conmigo, las cosas son justo lo contrario: la mente no es útil; el corazón sabe más.

Todo ocurre, sólo que tu corazón tiene que estar dispuesto a recibirlo. Todo llega, pero si tu corazón está cerrado... las leyes secretas de la vida son tales que no habrá llamadas en las puertas de tu corazón.

La existencia sabe esperar; puede hacerlo eternamente, sólo depende de ti. Todo puede ocurrir en cualquier momento. Abre todas tus puertas, todas tus ventanas, para que la existencia pueda inundarte por todas partes. No hay más dios que la existencia, y no hay más paraíso que tu mismo ser. Cuando la existencia inunda tu ser, el paraíso entra en ti, o tú entras en el paraíso; sólo son formas distintas de decir lo mismo. Pero recuerda: no se espera nada de ti.

Durante siglos, todas las religiones te han estado diciendo que tienes que hacer esto y lo otro. Que tienes que torturarte a ti mismo, renunciar a los placeres, luchar con tu cuerpo, renunciar al mundo. Las escrituras budistas contienen treinta y tres mil principios que un buscador debe seguir. Es casi imposible recordarlos; ¡seguirlos está fuera de proporción! Yo no tengo ni un sólo principio que debas seguir, tan sólo una simple comprensión de tu vida; disfrútala, permite que cante una canción en ti, que se convierta en una danza. No tienes que hacer nada más; simplemente estar disponible, y lloverán flores sobre ti.

cuatro

DESTINO, SINO Y KARMA

La existencia te da a luz como *tabula rasa*. Ningún destino está escrito; no existe un destino tal que lo que quiera que hagas tenga que ocurrir.

La existencia es libertad. El destino es esclavitud. Libertad significa que lo que haya de ocurrir depende de lo que tú decidas. El destino es una vaga hipótesis.

La confianza es algo completamente distinto al destino. Confianza simplemente significa que: «Aunque cualquier cosa ocurra, yo formo parte de la existencia y la existencia no puede serme hostil intencionadamente. Si algunas veces parece que es así, tiene que ser un malentendido».

▓ **¿Están nuestras vidas predestinadas o no?**

Esto no es un problema personal, es una cuestión filosófica.

Nuestras vidas están y no están predestinadas, ambas cosas a la vez. Sí y no. Ambas respuestas son verdaderas para todas las preguntas acerca de la vida.

En cierto modo todo está predeterminado. Todo lo físico en ti, lo material, lo mental, está predeterminado. Pero hay algo en ti que siempre se mantiene indeterminado, impredecible. Ese algo es tu conciencia.

Por causa y efecto, si estás identificado con tu cuerpo y tu existencia material, en la misma medida, estás determinado; entonces, eres una máquina. Pero si no estás identificado con tu existencia material, ni con el cuerpo ni con la mente (si puedes sentirte como algo separado, diferente, por encima y trascendente del cuerpo-mente) entonces esa conciencia trascendente no está predeterminada. Es espontánea, libre. Conciencia significa libertad, materia significa esclavitud. Así que depende de cómo te definas a ti mismo. Si dices: «Yo soy sólo el cuerpo», entonces, todo lo que a ti se refiere está completamente determinado.

Aquel que dice que el hombre sólo es el cuerpo no puede decir que el hombre no está predeterminado. Normalmente, aquellos que no creen en la conciencia tampoco creen la predeterminación. La gente religiosa, y que cree en la conciencia, es la que cree en la predeterminación. Lo que estoy diciendo puede parecer muy contradictorio pero, no obstante, así es.

La persona que ha conocido la conciencia ha conocido la libertad. Por lo tanto, sólo una persona espiritual puede decir que no existe ninguna determinación en absoluto. Esa comprensión sólo llega cuando estás completamente no-identificado con el cuerpo. Si sientes que sólo eres una existencia material, entonces no es posible libertad alguna. Materia significa aquello que no puede ser libre; tiene que fluir en la cadena de causa y efecto.

Una vez que alguien ha alcanzado la conciencia, la iluminación está completamente fuera del campo de causa y efecto. Se vuelve completamente impredecible, no se puede decir nada de él. Empieza a vivir cada momento, su existencia se vuelve atómica. Tu existencia es una cadena como un río en la que cada paso está determinado por el pasado. Tu futuro no es realmente futuro, es tan sólo un residuo del pasado. Es tan sólo el pasado determinando, moldeando, formulando y condicionando tu futuro. Por eso tu futuro es predecible.

B. F. Skinner dice que el hombre es tan predecible como todo lo demás; el único problema es que todavía no tenemos los medios para conocer todo su pasado. En cuanto podamos conocer su pasado, podemos predecir todo acerca de él. Basándose en las personas con las que trabajó, lo que dice Skinner es correcto, porque todas ellas eran predecibles. Experimentó con cientos de personas y descubrió que todas eran seres mecánicos, que dentro de ellas no existía nada que pudiera llamarse libertad. Pero su estudio es limitado; Buda no fue a su laboratorio para que experimentaran con él. Con una sola persona que sea libre, con una sola persona que no sea mecánica, predecible, toda la teoría de Skinner se derrumba. Si en la historia de la humanidad hubiera una sola persona que haya sido libre e impredecible, entonces todos los seres humanos serían potencialmente libres e impredecibles.

Toda posibilidad de libertad depende de si enfatizas tu cuerpo o tu conciencia. Si todo el flujo de tu vida es hacia fuera, entonces todo está determinado, ¿o eres también algo interno? No contestes con una respuesta preformulada. No digas: «Yo soy el alma». Si sientes que dentro de ti no hay nada, sé honesto. Esta honestidad será el primer paso hacia la libertad de conciencia interior.

Si entras profundamente en el interior, sentirás que todo pertenece al exterior. Tu cuerpo, tus pensamientos han venido de fuera, incluso tu «yo» te ha sido dado por otros. Por eso temes tanto la opinión de los demás, porque tienen todo el control sobre ti. Pueden cambiar de opinión acerca de ti en cualquier momento. Tu yo, tu cuerpo, tus pensamientos han sido dados por otros, así que, ¿qué hay en el interior? Tú eres capas y capas de lo exterior. Si estás identificado con esa personalidad que procede de los otros, entonces todo está determinado.

Date cuenta de todo lo que viene del exterior y no te identifiques con ello. Llegará un momento en que el exterior se derrumbará completamente. Estarás en un vacío. Este vacío es el puente entre el exterior y el interior. Ese vacío nos da tanto miedo que nos aferramos a las acumulaciones externas. Si no tienes el coraje suficiente, saldrás y te aferrarás a algo, y eso te llenará. Pero este momento de estar en el vacío es meditación. Si tienes el coraje suficiente, si puedes permanecer en este momento, pronto todo tu ser se volverá automáticamente hacia dentro.

Cuando no hay nada del exterior a lo que aferrarse, tu ser se volverá hacia dentro. Entonces, por primera vez, sabrás que eres algo que trasciende todo lo que pensabas que eras. Ahora serás algo distinto de *volverte*; serás *siendo*. Este siendo es libre; nada puede determinarlo. Es absoluta libertad. No hay cadena de causa y efecto posible.

Tus acciones están relacionadas con acciones pasadas. A genera una situación para que B se vuelva posible; B genera una situación en la que C florezca. Tus actos están conectados con actos pasados y esto se remonta hasta el comienzo sin comienzo, y hasta el final sin final. No sólo te determinan tus actos, sino los actos de tu padre y de tu madre, que también tienen una continuidad con los tuyos. Tu sociedad, tu historia, todo lo que ha ocurrido antes, de alguna forma está relacionado con tu acto presente. Toda la historia ha venido a florecer en ti. Todo lo que ha ocurrido hasta ahora está conectado con tus actos; por lo tanto, tus actos, obviamente, están determinados. Es una parte minúscula del todo. La historia es una fuerza viva muy vital y tu acto individual es un una parte pequeñísima de ella.

Marx dijo que la conciencia no es lo que determina las condiciones de la sociedad. Es la sociedad y sus condiciones lo que determina a la conciencia. No son los grandes hombres los que crean las grandes sociedades; son las grandes sociedades las que crean los grandes hombres. En cierto sentido, tiene razón, porque tú no eres el originador de tus acciones. Toda la historia las ha determinado; tú sólo las estás llevando a cabo.

Todo el proceso evolutivo se ha dirigido a la creación de tus células biológicas. Estas células que están en ti luego pueden convertirse en parte de otra persona. Puedes pensar que eres el padre de un niño, pero tú sólo has sido una etapa en la que toda la evolución biológica ha actuado y te ha forzado a actuar. La procreación es un acto tan imperioso porque está por encima de ti; es todo el proceso evolutivo funcionando a través de ti.

Éste es un camino en el que los actos ocurren en relación con actos pasados. Pero cuando una persona se ilumina, se inicia un nuevo fenómeno: ya no están relacionados con los actos pasados;

ahora, cualquier acto está conectado sólo con su conciencia. Procede de su conciencia, no del pasado; por eso no se puede predecir a una persona iluminada.

Skinner dice que se puede determinar lo que alguien hará si se conocen sus actos pasados. Dice que el viejo proverbio «Puedes llevar tu caballo al agua pero no puedes hacerle beber», es incorrecto. También puedes forzarle a hacerlo. Puedes crear una situación en la que el caballo tenga que beber. El caballo puede ser forzado, y tú también puedes ser forzado porque tus acciones son producidas por situaciones, por las circunstancias. Pero aunque puedas llevar a Buda al río, no puedes forzarlo a beber. Cuanto más lo intentes, más difícil será. Ningún calor lo doblegará; ni los rayos de mil soles sobre él servirían de nada. Buda tiene un origen de acción diferente, no tiene que ver con otros actos; está conectado con la conciencia.

Por eso insisto tanto en que actúes conscientemente. Es así como a cada momento actúas, no se trata de una continuación de otros actos. Eres libre: ahora empiezas a actuar y nadie puede saber cómo lo harás.

Los hábitos son mecánicos, se repiten. Cuanto más repites algo, más eficiente te vuelves. Eficiencia significa que ya no se necesita la conciencia. Cuando se dice que alguien es un eficiente mecanógrafo, significa que escribir no le exige ningún esfuerzo; mecanografiar es algo que puede hacer inconscientemente. Aunque esté pensando en otra cosa, la escritura continúa; está escribiendo el cuerpo; la persona no es necesaria. Eficiencia significa que la cosa es tan segura que ningún esfuerzo es posible. Con libertad, el esfuerzo siempre es posible. Una máquina no puede cometer errores. Para errar, uno tiene que ser consciente.

Es decir, tus actos tienen una relación en cadena con tus actos previos; están determinados. Tu infancia determina tu juventud; tu juventud determina tu vejez; tu nacimiento determina tu muerte; todo está determinado. Buda solía decir: «Provee la causa y habrá efecto». Éste es el mundo de causa y efecto en el que todo está determinado.

Si actúas con plena conciencia, se da una situación completamente diferente. Entonces todo ocurre momento a momento. La conciencia es un flujo, no es estática. Es la propia vida y cambia: está viva. Se va expandiendo, se va renovando, refrescando, rejuveneciendo. Tus actos serán espontáneos.

Me viene a la memoria una historia zen...

> Un maestro zen le hizo a su discípulo una pregunta. Ésta fue respondida correctamente. Al día siguiente el maestro le hizo exactamente la misma pregunta. El discípulo dijo: «Pero si ya contesté ayer a esa pregunta».
>
> El maestro le dijo: «Te estoy volviendo a preguntar ahora». El discípulo repitió la misma respuesta. El maestro dijo: «¡Tú no sabes!»
>
> El discípulo dijo: «Pero ayer respondí de la misma forma y asentiste con la cabeza. Así que interpreté que la respuesta era correcta. ¿Por qué cambiaste hoy de opinión?».
>
> El maestro dijo: «Cualquier cosa que pueda ser repetida no procede de ti. La respuesta ha venido de tu memoria, no de tu conciencia. Si realmente hubieses sabido la respuesta, ésta habría sido diferente porque han cambiado muchas cosas. Yo no soy el mismo hombre que hizo esta pregunta ayer. La situación es completamente diferente. También tú eres diferente, pero la respuesta es la misma. Nada se puede repetir».

Cuanto más vivo estás, menos repetitivo eres. Sólo un hombre muerto puede ser consistente. Vivir es inconsistencia; la vida es libertad. La libertad no puede ser consistente, ¿consistente con qué? Sólo se puede ser consistente con el pasado.

Una persona iluminada sólo es consistente en su conciencia; nunca con su pasado. Está totalmente en el acto. No queda nada atrás ni afuera. En el siguiente momento, el acto ha terminado y su conciencia está fresca de nuevo. La conciencia estará ahí siempre que surja alguna situación, pero cada acto será realizado en plena libertad, como si fuera la primera vez que esa persona hubiese estado en esa situación particular.

Por eso respondo sí y no a tu pregunta. Depende de ti, si eres conciencia o si eres una acumulación, una existencia corporal.

La religiosidad da libertad porque da conciencia. Cuanto más sepa la ciencia acerca de la materia, más esclavizado estará el mundo. Todo el fenómeno de la materia es de causa y efecto: sabes que si pasa esto, ocurre aquello, entonces todo puede estar determinado.

En las próximas décadas veremos todo el curso de la humanidad siendo determinado en muchos sentidos. La mayor calamidad posible no es la guerra nuclear. Eso sólo puede destruir. La verdadera calamidad vendrá de las ciencias psicológicas. Aprenderán a controlar por completo al ser humano. Como no somos conscientes, pueden hacer que nos comportemos de formas predeterminadas.

Tal como somos, todo en nosotros está determinado. Ser hindú o musulmán es predeterminación, no libertad. Lo han decidido nuestros padres, la sociedad. Alguien es médico o ingeniero; ahora su comportamiento está determinado. Ya somos controlados constantemente, y nuestros métodos todavía son muy primitivos. Habrá técnicas más avanzadas que serán capaces de determinar nuestro comportamiento a un grado tal que nadie podrá afirmar que el alma existe. Si todas tus respuestas están determinadas, ¿qué sentido tiene el alma?

Tus respuestas pueden ser determinadas a través de la química corporal. Si tomas alcohol te comportas de forma diferente. Como la química de tu cuerpo se altera, te comportas de forma distinta. En un tiempo, la técnica *tantra* definitiva consistía en tomar estupefacientes y mantenerse consciente. Si una persona se mantenía consciente cuando debería estar inconsciente, el *tantra* diría que estaba iluminada; de otro modo, no podía ser. Si la química del cuerpo logra cambiar tu conciencia, ¿qué sentido tiene la conciencia? Si una inyección te hace inconsciente, ¿qué sentido tiene? Entonces, la química en la inyección es más poderosa que tu propia conciencia. El *tantra* dice que es posible trascender todo estupefaciente y mantenerse consciente. El estímulo se ha realizado pero no hay respuesta.

El sexo es un fenómeno químico; determinada cantidad de cierta hormona produce el deseo sexual. Tú te conviertes en el deseo. Puede que te arrepientas cuando tu química corporal vuelva a su nivel normal, pero el arrepentimiento no es importante. Cuando las hormonas regresen, volverás a actuar de la misma forma. El tantra también ha experimentado con el sexo. Si no sientes ningún deseo sexual en una situación completamente sexual, eres libre. Tu química corporal ha quedado muy atrás. El cuerpo está ahí, pero tú no eres el cuerpo.

También la ira es sólo química. Los especialistas bioquímicos pronto podrán hacer que seas a prueba de ira, a prueba de sexo, pero no que seas como Buda. Buda no estaba exento de ira. La ira venía a él, pero no existía el efecto de estar enfadado.

Si controlas tu química corporal, serás incapaz de sentirte enfadado. Al no existir la condición química que haga sentir enfadado, tampoco existirá el efecto de la ira. Si las hormonas sexuales son eliminadas de tu cuerpo, no serás sexual. Pero la verdadera cuestión no es si eres sexual o no, iracundo o no. La verdadera cuestión es cómo ser consciente en una situación que requiere tu inconsciencia, como ser consciente en una situación que sólo se da en inconsciencia.

Siempre que se dé una situación así, medita sobre ella. Te ha sido otorgada una gran oportunidad. Si te sientes celoso, medita sobre ello. Éste es el momento justo. Tu química corporal está trabajando contigo. Te hará inconsciente; te hará comportarte como si estuvieras loco. Entonces, sé consciente. Deja que haya celos, no los reprimas, pero sé consciente; sé un testigo de ellos.

Si hay ira, sé un testigo de ella; si hay sexo, sé un testigo de él. Deja que ocurra lo que quiera que esté ocurriendo y empieza a meditar sobre toda la situación. Poco a poco, cuanto más vayas profundizando tu conciencia, menos posibilidades habrá de que tu comportamiento sea determinado por ti. Te vuelves libre. *Moksha*, libertad, no significa más que eso; define una conciencia tan libre que ya nada puede determinarla.

■ **¿Está predestinado el grado de progreso espiritual?**
   ¿O la vida de uno es una serie de retos y posibilidades
   sin que se sepa nada acerca del resultado?

La esencia está predestinada, la personalidad sólo es un accidente. Lo que tú eres está predestinado, lo que aparentas ser sólo es un accidente. Que seas hindú o cristiano es un accidente; que seas un hombre o mujer, que seas alemán o indio, negro o blanco es un accidente. Pero tu ser está destinado. Intenta encontrar lo que está destinado, y no te preocupes demasiado por lo irrelevante, lo accidental.

Si tu nariz es un poco más larga o más corta, no te preocupes demasiado por ello; sólo es accidental. Si tu piel tiene mayor pigmento y eres negro, o si tu piel no tiene ese pigmento, no te preocupes demasiado por ello: es irrelevante.

Intenta descubrir aquello que está absolutamente destinado. Ésa es tu naturaleza, ésa es tu esencia. Pero estás perdido en accidentes. Le prestas demasiada atención a los accidentes; te preocupas demasiado y desperdicias en ellos todo tu tiempo y toda tu energía. Estás tan ocupado con lo no-esencial que olvidas lo esencial. Éste es el estado del hombre que está dormido: siempre enfocado a lo no-esencial. Pensando en el dinero, en el poder, en la casa, en el automóvil, pensando en esto y lo otro, pero nunca en aquello que es tu núcleo interno, en lo que eres tú. Ese núcleo interno está absolutamente destinado. Ponle más atención. En eso consiste *sannyas*: un giro hacia lo esencial, en dirección opuesta a lo no-esencial.

No te estoy diciendo que no comas, que no vivas en una casa. No es eso lo que quiero decir. Vive en una casa, pero no te impliques demasiado. Uno tiene que comer para vivir; come, pero no conviertas el hecho de comer en tu asunto principal; hay personas que siempre están pensando en comer.

El dinero es necesario, pero no conviertas el dinero en tu dios. Cuando lo tengas, utilízalo; cuando no lo tengas, utiliza esa carencia, porque también tiene su propia belleza. Si tienes dinero y puedes tener un palacio, tenlo; cuando no tengas dinero, hazte vagabundo y vive bajo el cielo, eso tiene su propia belleza. Cuando tengas dinero, utilízalo, que no te utilice el dinero a ti. Cuando no lo tengas, disfruta la pobreza. La riqueza y la pobreza tienen su propia riqueza. Hay muchas cosas que sólo un pobre puede disfrutar, nunca un rico. También hay otras cosas que sólo los ricos pueden disfrutar y no los pobres. Por lo tanto, disfruta cualquier oportunidad... Cuando seas rico disfruta de aquello que puede disfrutar un rico; cuando seas pobre disfruta de aquello que pueden disfrutar los pobres.

¿Pero qué haces tú?, justo lo contrario: cuando eres rico, anhelas las cosas que sólo los pobres pueden disfrutar; y cuando eres pobre, anhelas las cosas que sólo un rico puede tener. Eso es una tontería, no encuentro ninguna inteligencia en ello.

Me alojaba en casa de un amigo. Era rector, un hombre mayor, un borracho (casi siempre estaba ebrio) pero era un hombre muy bueno, tan borracho como siempre. Un hombre muy gentil, muy educado, muy afectuoso.

Una noche, él había bebido demasiado y yo estaba sentado a su lado. De repente, le dio miedo. Se puso tan paranoico que me dijo: «Por favor, escribe ahora mismo una carta para la policía; diles que manden a dos agentes de inteligencia».

Escribí la carta, pero cometí un error. Le escribí al superintendente: «Por favor, envíe dos agentes inteligentes».

El viejo borracho miró la carta, empezó a reírse y dijo: «¿Cuándo se ha oído hablar de agentes inteligentes? Escribe «agentes de inteligencia», no «agentes inteligentes»».

Es casi imposible encontrar un agente inteligente, porque es casi imposible encontrar a un hombre inteligente. La inteligencia es extremadamente escasa.

Cuando tengas dinero, disfrútalo, vive como un rey. Pero hay gente que tiene dinero y vive como mendigo. Ahorran para el futuro y cuando lo pierden, empiezan a pensar en él: «¿Por qué perdí la oportunidad? Debería haberlo disfrutado».

Las personas pobres siempre están pensando en vivir en palacios en vez de disfrutar del árbol que los cobija, los pájaros que cantan, el sol, el aire... El mundo es más abierto para un hombre pobre. El pobre puede disfrutar de un sueño plácido, mientras que para el hombre rico, dormir es algo que se ha vuelto complicado. Aunque tenga mejores habitaciones o colchones más cómodos, no podrá dormir. Entonces, pensará en los mendigos y sentirá celos y envidia de esa pobre gente que duerme tan bien, que ronca, y pensará «no puedo dormir».

Cuando puedas dormir bien, duerme bien. Cuando tengas maravillosos colchones, disfrútalos, ¡y sufre el insomnio! Pero sé inteligente.

¿Cómo es que las personas sinceras, gentiles y de buen corazón sufren y son desatendidas?, ¿por qué las personas sagaces, egoístas y malas son prósperas y respetables?, ¿es el resultado del karma de sus vidas pasadas o su destino?

No hay por qué creer en el destino. No hay por qué creer que la gente está sufriendo por sus malas acciones del pasado, su *karma*. La verdad es que la gente buena, amable y virtuosa, normalmente sufre. No se puede tener todo en la vida. Si tienes bondad, disfrútala; si tienes virtud, disfrútala; si eres amable, disfrútalo.

¿Por qué habrías de envidiar a las personas astutas que llegan a ser primer ministro, a las personas malas que se hacen ricas? Normalmente, si la carrera es por dinero, por poder, por prestigio y por respetabilidad, la gente mala se impone sobre la gente buena. Pero si la carrera es por el silencio interior, la paz, la calma, la frescura, el silencio, la meditación, la divinidad, entonces la gente mala no conseguirá nada, no llegará a ninguna parte. Yo no veo problema en absoluto. Si le hubieras preguntado esto a cualquier otra persona, lo habría explicado por medio de las vidas pasadas, porque parece no haber otra forma para los lógicos o para los teólogos.

Te han inculcado que la gente buena no debería sufrir, quien debe hacerlo es la gente mala. Sin embargo, en la vida está sucediendo justo lo contrario: la gente buena está sufriendo; la gente mala está en la cima, disfrutando. Como es natural, el teólogo tiene que inventar la ficción de la vida pasada, del destino, del *prarabdha*, del karma; todo eso es falso, ficticio. La realidad es muy simple: la bondad no tiene nada que ver con ganar dinero. La bondad gana algo más valioso, gana paz mental.

La persona virtuosa no necesita estar preocupada por las cosas mundanas. Puede que no tenga un palacio, pero vivirá más feliz en una cabaña que un rey en un palacio. El virtuoso no se podrá procurar un palacio, pero se podrá procurar felicidad. El bribón se las apañará para llegar al palacio, pero perderá toda paz mental y todo contacto consigo mismo.

Así que, para mí, es muy sencillo. Si quieres el mundo interior y las riquezas interiores, sé bueno, sé virtuoso, sé amable y no envidies a las pobres personas que sólo son astutas y ganan dinero, que están cometiendo toda clase de delitos y alcanzando los puestos más altos y adquiriendo respetabilidad. ¿Quieres tener ambas cosas?, ¿quieres dinero y también meditación? Estás pidiendo demasiado. ¡Habrá que dejar algo para el bribón! Él se está esforzando mucho. Y está sufriendo mucho por dentro. Tú puedes estar sufriendo por fuera pero él está sufriendo por dentro, y ése es un sufrimiento mayor que el que tú conoces.

No me parece que sea necesario explicar la vida con ficciones. La vida es una ecuación simple: tienes lo que te mereces. No preguntes nada que no esté relacionado con tus cualidades y no habrá problema. Entonces, no lo verás como lo estás viendo ahora: los virtuosos están sufriendo. No, ninguna persona virtuosa está sufriendo. Toda persona virtuosa está disfrutando cada momento felizmente. Si está sufriendo, no es virtuosa, simplemente es cobarde. Básicamente es astuta pero no tiene valor. Quiere las mismas cosas que tiene el astuto, pero no tiene el suficiente valor para serlo, ni es lo bastante listo. La astucia es un arte. Los astutos tendrán lo que puedan conseguir. Los malos tendrán lo que puedan conseguir, pero los buenos no tienen que sentir envidia, porque ellos tienen los verdaderos tesoros del ser interior. Deberían sentir compasión, deberían ver a esos astutos políticos, a los millonarios; deberían ver su pobreza interior, su oscuridad interior, su infierno interior, y deberían ser compasivos, ¡no competitivos!

■ **¿No se puede argumentar que el karma, con sus fuerzas naturales de causa y efecto, no debería ser interferido?, ¿o también es la forma de la existencia de poner dicha posibilidad al alcance del mundo evolutivo, del alma evolutiva?**

Se puede argumentar todo, pero argumentar no conduce a ninguna parte. Puedes hacerlo, pero ¿de qué te va a servir esa argumentación? Puedes argumentar que el proceso natural del karma no debería ser interferido; no interfieras. Pero luego, sé feliz en tu desdicha, y tú no lo eres. Tú quieres interferir. Sí puedes confiar en el proceso natural, maravilloso; pero luego no te quejes. No preguntes: «¿por qué es así?». Es así porque es el proceso natural del karma. ¿Estás sufriendo?, es por el proceso natural del karma, y sólo por eso, no interfieras.

En eso consiste la doctrina del destino, del *kismet*; la doctrina que cree en el destino. Entonces, tú no tienes que hacer nada: lo que quiera que esté ocurriendo está pasando, y tienes que aceptarlo. Entonces, también se convierte en una rendición y no necesitas hacer nada. Pero requiere plena aceptación. En realidad, no hay necesidad de interferir, pero ¿puedes mantener un estado tal en el que no interfieras? Estás constantemente interfiriendo en todas las cosas, no puedes dejarlas a su naturaleza. Si pudieras dejarlas, no haría falta nada más y todas las cosas te ocurrirían. Pero si no puedes dejarlas, entonces interfiere. Puedes interferir, pero debes entender el proceso.

En realidad, meditar no es interferir en el proceso del karma; es, más bien, saltar fuera de él. No es interferir exactamente; es salir de la rueda sin fin, del círculo vicioso. El círculo continuará y el proceso llegará a su fin por sí mismo. Tú no puedes detenerlos, pero puedes estar fuera de él, y una vez que estás fuera, se vuelve ilusorio.

Por ejemplo, Raman Maharshi murió de cáncer. Sus discípulos intentaban convencerlo de que se pusiera bajo tratamiento. Él decía: «De acuerdo, si ustedes lo quieren y los hace felices, trátenme. Pero, en lo que a mí concierne, esto está bien». Los médicos se sorprendían, porque su cuerpo estaba sufriendo, experimentaba un profundo dolor, pero sus ojos no lo reflejaban. Su cuerpo sufría profundamente, pero él no estaba sufriendo.

El cuerpo forma parte del karma, del círculo mecánico de causa y efecto, pero la conciencia puede estar por encima y trascenderlo. Él solamente era un testigo. Veía que su cuerpo estaba sufriendo, se estaba muriendo, pero él era un testigo. Eso no interfería en él en absoluto. Simplemente, observaba lo que fuera que estuviese ocurriendo, pero no estaba dentro del círculo vicioso, no estaba identificado con él.

La meditación no es una interferencia. En realidad, sin meditación estás interfiriendo en todo momento. Con meditación vas más allá; te conviertes en un observador en la colina. En el fondo las cosas prosiguen, continúan, pero no te pertenecen, tú sólo eres un vigía. Es como si le estuvieran ocurriendo a otro, o como si pasaran en un sueño o en una película, sobre una pantalla. No estás interviniendo, no estás dentro del propio drama, te has salido. Ya no eres el actor, te has convertido en espectador. Éste es el único cambio.

Y cuando sólo eres un testigo, el cuerpo completará inmediatamente lo que sea que tenga que ser completado. Si tienes muchos karmas por sufrir, y ya te has convertido en un testigo, no volverás a renacer; el cuerpo tendrá que sufrir en esta vida todo lo que habría de sufrir en muchas vidas. Así que es muy frecuente que cuando un hombre se ilumina tenga que sufrir muchas enfermedades, porque ya no hay futuros nacimientos, no hay vidas futuras. Éste será el último cuerpo, todos los karmas y todo el proceso han de ser completados, terminados.

Pero si observamos la vida de Jesús con ojos occidentales, entonces la crucifixión es un fenómeno diferente. Para la mente occidental, ni la sucesión de vidas, ni el renacimiento, ni la reencarnación existen, así que, en realidad, no han hecho un análisis muy profundo de la crucifixión. Mantienen el mito de que Jesús sufrió por nosotros, de que su sufrimiento fue nuestra salvación. Pero eso es absurdo; además, tampoco se ajusta a los hechos, porque si el sufrimiento de Jesús se convirtió en la salvación de la humanidad, ¿por qué aún continúa sufriendo la humanidad? Y más que nunca.

Después de la crucifixión de Jesús, la humanidad no ha entrado en el reino de Dios. Si sufrió por nosotros, si su crucifixión fue la redención de nuestras culpas y pecados, entonces fue un fracaso porque la culpa continúa. Su sufrimiento fue en vano y la crucifixión no tuvo éxito.

El cristianismo, simplemente tiene un mito, pero el análisis oriental de la vida humana tiene una interpretación diferente. La crucifixión de Jesús sería todo el sufrimiento acumulado a través de sus propios karmas. Como ésta era su última vida, ya no volvería a entrar en el cuerpo, todo el sufrimiento tenía que cristalizarse, concentrarse en un solo punto. Ese punto se convirtió en la crucifixión.

No sufrió por nadie más; nadie puede sufrir por otro. Sufrió por él mismo, por sus karmas pasados. Nadie puede hacerte libre, porque eres cautivo de tus karmas, así pues, ¿cómo va a hacerte libre Jesús?

Él puede convertirse a sí mismo en esclavo, puede convertirse a sí mismo en un hombre libre, puede liberarse. Por medio de la crucifixión, quedó saldada la cuenta de sus propios karmas. Estaba acabado, la cadena había llegado a su fin. La causa y el efecto llegaron a su fin. Este cuerpo no volverá a nacer; no volverá a entrar en otro útero. De no haber sido una persona iluminada, todo ese sufrimiento se habría repartido en el curso de muchas vidas. Se concentró en un punto, en una vida.

No puedes interferir; si lo haces te producirás más desdicha a ti mismo. No interfieras en los karmas, pero trasciéndelos, sé su testigo. Tómalos como un sueño irreal; simplemente míralos y sé indiferente, no te impliques. Tu cuerpo sufre; observa el sufrimiento. Tu cuerpo está feliz; observa la felicidad. No te identifiques, la meditación consiste sólo en eso. Y no busques coartadas, no busques excusas. No digas que «se puede argumentar esto». Puedes argumentar cualquier cosa, eres libre, pero recuerda que tu argumento puede ser suicida. Puedes argumentar contra ti mismo, puedes elaborar un argumento que no te ayudará, que no te transformará, se convertirá en un obstáculo. Seguimos argumentando.

Hoy, precisamente, vino a verme una muchacha. Me preguntó: «Dime, ¿existe realmente un Dios?». Estaba dispuesta a argumentar que Dios no existe.

La miré a la cara, a los ojos. Estaba tensa, llena de argumentos; quería discutir acerca de ello. En realidad, en el fondo ella quería que le dijese que Dios no existe, porque si exitiera generaría problemas. Si Dios existe, no puedes quedarte tal como seas; eso plantea un reto. Dios es un reto, significa que no puedes estar satisfecho contigo mismo; algo más elevado que tú es posible. Un estado más elevado, un estado absoluto de conciencia es posible. Eso es lo que Dios significa.

Así pues, ella estaba dispuesta a argumentar y dijo: «Soy atea, no creo en Dios».

Le dije: «Si Dios no existe, ¿cómo puedes no creer en él? Además, Dios es irrelevante. Tu creencia y tu incredulidad, tu argumento a favor y tu argumento en contra están relacionados contigo; no están relacionados con Dios. ¿Por qué te preocupas?, si Dios no existe, ¿por qué has hecho un viaje tan largo?, ¿por qué has venido a verme para argumentar acerca de algo que no existe? Olvídalo y perdona. Vete a casa, no malgastes tu tiempo. Si no existe, ¿por qué te inquietas?, ¿a qué viene este empeño en demostrar que no existe? Este ahnelo deja ver algo sobre ti: Tienes miedo. Si Dios existe tienes un reto. Si Dios no existe entonces puedes seguir siendo tal como eres; no hay reto para la vida».

Una persona que tiene miedo a los retos, a los riesgos, a los peligros, a cambiarse a sí misma, a la mutación, siempre negará la existencia de Dios. La negación es su mente; la negación muestra algo acerca de ella, no acerca de Dios. Le dije que Dios no es algo que pueda ser probado o refutado. Dios no es un objeto sobre el que podamos posicionarnos a favor o en contra. La divinidad es una posibilidad en ti; no es algo externo; es posible en ti. Si te desplazas a esa posibilidad se vuelve real. Si no te desplazas hasta ese punto, es irreal. Cuando argumentas en contra, desplazarse no tiene sentido; permaneces igual. Y esto se convierte en un círculo vicioso.

Argumentas que Dios no existe, por eso nunca te desplazas hacia la divinidad, porque es un viaje interior, un camino interior. Nunca te desplazas porque ¿cómo vas a ir hacia un punto que no existe? Así pues, permaneces estático. Y si permaneces igual nunca te encuentras con la divinidad. Nunca llegas a ningún sentimiento, a ninguna vibración de algo más allá. Y eso te confirma su no existencia. Cuanto más se confirma, más lejos estás; cuanto más caes, más aumenta la distancia.

Así que no se trata de si Dios existe o no. Se trata de si quieres crecer o no. Si creces, tu crecimiento total será la reunión, la comunión, el encuentro. Le conté una anécdota:

Una mañana ventosa, cuando la primavera llegaba a su fin, un caracol empezó su viaje hacia lo alto de un cerezo. Algunos gorriones que estaban en el roble vecino empezaron a reírse porque no era la estación de las cerezas y todavía no había ninguna en el árbol, y para este pobre caracol llegar hasta arriba significaba un esfuerzo enorme, así que se reían de él.

Entonces, un gorrión bajó volando, se acercó al caracol y le preguntó: «¿Adónde vas, querido?, todavía no hay cerezas en el árbol».

Pero el caracol ni siquiera se detuvo a escucharlo; continuó su camino hacia arriba y, sin hacer ninguna pausa, el caracol dijo: «Pero las habrá cuando yo llegue. Estarán allí cuando lo logre. Llegar a la copa me tomará mucho tiempo y para entonces ya habrá cerezas».

Dios no existe, pero la divinidad estará allí para cuando tú llegues. No es algo que ya esté allí; nunca está allí. Es tu propio crecimiento. Cuando llegas a un punto en el que eres totalmente consciente, la divinidad existe. Pero no argumentes. En lugar de malgastar tu energía en argumentar, úsala en transformarte a ti misma.

La energía no abunda. Si enfocas tu energía a los argumentos, puedes volverte genial argumentando, pero estarás malgastando tu energía a un precio muy alto, porque esa misma energía puede convertirse en meditación. Puedes llegar a ser una gran lógica; puedes exponer unos argumentos muy coherentes, puedes encontrar pruebas muy convincentes a favor o en contra, pero tú seguirás igual: tus argumentos no te van a cambiar.

Recuerda una cosa: todo lo que te cambia es bueno. Todo lo que te proporciona crecimiento, expansión, incremento de conciencia, es bueno. Todo lo que te hace estático y todo lo que protege tu *statu quo* no es bueno; es fatal, es suicida.

Había un sufí que decía: «Ningún ser humano puede eludir su destino. Éste es un mundo de limitaciones; benditos aquellos que consiguen saborear lo ilimitado, a pesar de este hecho».

Un famoso astrólogo y compositor, Dane Rudhyar, amigo de George Gurdjieff, dijo: «La vieja idea de la astrología, de que la experiencia le ocurre a los seres humanos, no es verdad. Por el contrario, los seres humanos les ocurren a sus experiencias».

Mi observación es que todo astrólogo que tenga el valor suficiente descubrirá que Gurdjieff tenía razón cuando decía: «El hombre es una máquina».

Gurdjieff tiene razón cuando dice que el hombre es una máquina, para él, «el hombre» son todos aquellos seres que viven inconscientemente, que no están despiertos, que no responden a la realidad sino que sólo reaccionan, que no son conscientes. El 99.9 por ciento de los seres humanos entran en la categoría de máquina. Con estas máquinas, la astrología es posible. De hecho, se pueden hacer predicciones; las garantías sólo son para las máquinas. Un reloj puede tener garantía durante cinco años; un automóvil puede tener garantía durante un tiempo determinado porque conocemos la capacidad de su motor, de lo que puede funcionar y de lo que puede durar. Su duración es limitada. Y no puede hacer nada por sí mismo, sólo puede reaccionar a situaciones que son bastante predecibles.

Por ejemplo, un chico y una chica se harán sexualmente maduros en una determinada etapa, por lo que sus hormonas y su biología empezarán a empujarlos hacia el otro sexo. Ellos lo llamarán amor porque nadie quiere ser calificado como una máquina. Pero dos máquinas no pueden amar, sólo pueden estar juntas, pueden luchar, pueden tropezarse la una con la otra. Y no es por casualidad que en muchos idiomas enamorarse se diga «caer en amor». Es un proceso inconsciente, es una caída. No puedes responder por qué amas a una determinada persona.

Actualmente la ciencia de la biología humana, la genética, es mucho más madura. Te pueden inyectar hormonas que pueden hacer que todo tu amor desaparezca o convertirte en un gran amante. Pero son las hormonas, es algo químico. Tú no estás implicado en ello conscientemente.

Hará unos veinte años, un astrólogo vino a verme a Bombay. Le dije: «Será una decepción para ti, porque la astrología no funciona conmigo».

Él dijo: «No tiene nada que ver con la persona; en astrología no hay excepciones».

Le dije: «Entonces, haz una cosa: escribe doce cosas que vayas a hacer en un año. Tú te quedas con una copia y yo con otra, y yo escribiré en ambas copias que éstas son las doce cosas que no haré. Ése es el único modo de decidir si tu astrología funciona o no».

Se asustó un poco porque tal posibilidad no se le había ocurrido. Le dije: «Hasta el extremo de que si dices que viviré, moriré; aunque sólo sea para dejar claro que la astrología no funciona conmigo».

Él me dijo: «Tendré que estudiarlo más a profundidad. Regresaré dentro de tres días».

Han pasado veinte años ¡y no ha regresado! Siempre que he ido a Bombay, he pedido: «Telefoneen al astrólogo y pregúntenle cuándo va a acabar ese estudio a profundidad. Ya han pasado veinte años, ¿habrá desistido de la idea?».

Si estás iluminado, la astrología no puede funcionar contigo. Entonces, puedes amar, hacer, actuar, tienes cierto dominio sobre tu propia persona. Pero si eresinconsciente, vas de acá para allá según sople el viento.

Hay muchas escuelas astrológicas que llevan siglos estudiando el funcionamiento del hombre mecánico. Han llegado a ciertas conclusiones y éstas casi siempre son correctas. Si son incorrectas, significa que el astrólogo no está bien preparado, que sus estudios sobre la naturaleza humana y el comportamiento inconsciente no están completos.

Pero en cuanto empiezas a volverte consciente, te conviertes en un verdadero ser humano, no en una máquina.

Cuando por primera vez Gurdjieff dijo que el hombre es una máquina, dejó estupefacta a mucha gente. Pero estaba diciendo la verdad. Lo que pasa es que la verdad sólo es aplicable al 99.9 por ciento de la gente; el 0.1 por ciento tiene que quedar al margen.

Gautama Buda nació... Y en Oriente aquéllos eran los tiempos de mayores posibilidades para el genio humano. En todas las direcciones en las que Oriente estaba trabajando alcanzó la cima, el clímax; hasta tal extremo que no se puede hallar una nueva postura de yoga; Patanjali agotó todas las posibilidades de posturas, la ciencia está completa. Han pasado cinco mil años, y en ese tiempo miles de personas lo han intentado pero no hay forma de hallar una nueva postura. Tampoco se puede hallar una nueva postura sexual; Vatsyayana compiló todas las posturas posibles, ¡y algunas que parecen imposibles! Shiva también compiló todas las técnicas de meditación, ciento doce. Puedes jugar con nuevas combinaciones, pero nada nuevo es posible.

La astrología estaba en su cima. Y cuando Gautama Buda nació, hijo de un gran rey, el rey llamó inmediatamente a los mejores astrólogos. Todos ellos estudiaron su carta astrológica y se quedaron callados.

Sólo uno, un joven astrólogo, le dijo al rey: «Estas personas están calladas porque el caso de este niño es extraño; con él no podemos ser determinantes. Hay dos posibilidades», y la astrología nunca habla de esa forma. Se supone que la astrología tiene que predecir lo que va a ocurrir; no se trata de decir todas las posibilidades, eso no sería predicción.

Pero el joven astrólogo dijo: «Estas personas son mayores y sabias, así que ni siquiera dirán eso. Yo soy joven y puedo estirar el cuello, puedo arriesgarme, porque todavía no tengo reputación alguna. Hay dos posibilidades: una es que este niño se convertirá en emperador del mundo, en conquistador del mundo; la otra posibilidad es que se convertirá en un alma iluminada, despierta, liberada, pero entonces será un mendigo. Puede ser el emperador del mundo entero o, simplemente, un mendigo con una vasija en sus manos para pedir. Y no podemos decir cuál será el resultado».

Todos los astrólogos estuvieron de acuerdo. «El joven tiene razón. No decíamos nada porque, normalmente, la astrología no funciona así; tenemos que decir lo que va a ocurrir de una forma definitiva. Pero de este niño no lo podemos decir. Y las posibilidades son diametralmente opuestas: emperador o mendigo.»

Y eso es lo que ocurrió.

El rey le preguntó a todos esos sabios astrólogos: «Entonces, díganme cómo protegerlo para que no tome la dirección del mendigo y se convierta en emperador del mundo. Ése ha sido el anhelo de toda mi vida. Yo no lo he podido conseguir, ¡pero él tiene la posibilidad! Así que indíquenme cómo impedir que se convierta en un mendigo».

Todos dieron su consejo, y éste acabó produciendo justo el efecto contrario al deseado. Sugirieron: «Proporciónale toda clase de lujos. No dejes que sepa de la muerte, de la vejez. No dejes que sepa nada acerca de hacerse buscador, *sannyasin*. No se le debe dejar tiempo para pensar cuál es el sentido de la vida. Mantenlo continuamente ocupado con el canto, la danza, la bebida y las mujeres, completamente inmerso».

Y eso es lo que originó el problema, que durante veintinueve años estuviera tan aislado del mundo, tan ignorante de la realidad cotidiana del mundo donde la gente se pone enferma, envejece, donde hay *sannyasins*, hay buscadores de la verdad... Si no se le hubiese ocultado desde el principio, se habría vuelto inmune desde el principio, habría visto que la gente envejece, que la gente enferma, que algunas personas se hacen *sannyasins*. Durante veintinueve años, le mantuvieron completamente apartado.

Y a los veintinueve años, cuando entró en contacto con el mundo (algún día, uno tiene que entrar en contacto con el mundo) fue un gran shock.

¡No podía creer lo que veía! No lograba creer que la gente envejeciera; no creía que la vida acabara en la muerte. No comprendía que lo hubieran mantenido en la oscuridad mientras había personas buscando el sentido de la vida, intentando descubrir si en el hombre había algo inmortal o no.

El shock no habría sido tan grande. Eso no es ningún impacto para nadie, uno lo va viendo todo desde la infancia y, poco a poco, se va acostumbrando. Pero, para él, el shock fue tremendo. Esa misma noche dejó el palacio y partió como *sannyasin* en busca de la verdad. Esa noche adoptó la vasija para pedir de la que su padre había intentado salvarlo.

Si no lo hubieran mantenido en la oscuridad quizá se habría convertido en un Alejandro Magno. Pero, en cierto modo, fue algo bueno, porque Alejandro Magno y otros semejantes no han ayudado a la conciencia humana. Este hombre solo, con su vasija, elevó a la humanidad hacia las estrellas, hacia la inmortalidad, hacia la verdad, más que ningún otro.

Con un hombre así, la astrología no es posible.

Es bueno que aceptes que estás funcionando como una máquina. No te ofendas, porque si te ofendes, te defenderás y te quedarás tal como eres.

Intenta entender tu comportamiento. ¿Es mecánico o no? Si alguien te insulta, ¿cómo reaccionas?, ¿esa reacción es mecánica o consciente?, ¿piensas antes de enojarte?, ¿meditas un momento antes de responder? Puede que lo que te haya dicho sea cierto, y de no haberte enojado inmediatamente, instantáneamente, sin darle un pequeño espacio a la meditación, puede que, en lugar de estar enojado con él, le estuvieras agradecido. Podrías haberle dicho: «Tienes razón».

De hecho, las cosas que son ciertas duelen mucho más. Las mentiras no duelen en absoluto.

El otro día vi un recorte de periódico. Un viajero occidental que venía desde el Tíbet daba su primera conferencia de prensa, y en la sala decía: «Mi mayor experiencia fue encontrarme con Osho en el Tíbet». La gente puede mentir como si tal cosa, y quien lo lea lo creerá. La palabra impresa tiene cierto impacto en la gente. Hace sólo unos días, había otra noticia, sin un ninguna condición ni ningún «pero», una afirmación que decía: «Osho va a aparecer muy pronto en Israel. Ha decidido convertirse al judaísmo y, después de convertirse, declarará ser la reencarnación de Moisés».

¿Qué se puede hacer con esta gente? Te puedes reír, pero nunca enfadarte. Te puedes divertir, les puedes agradecer su imaginación. ¡Son la gente que mantiene el mundo en marcha!

Observa tus acciones e intenta no ser mecánico. Intenta hacer algo que no hayas hecho nunca en la misma situación. A eso se refiere Jesús al decir: «Cuando alguien te dé una bofetada, ofrécele la otra mejilla». El verdadero sentido es, simplemente; actúa de forma no mecánica, porque cuando alguien te da una bofetada, lo mecánico sería devolvérsela. Y si no puedes devolvérsela en ese momento, espera el momento adecuado. Pero ofrecerle la otra mejilla es comportarse de forma no mecánica, es comportarse muy conscientemente.

Pero la gente puede convertir cualquier cosa en mecánica.

He oído que había un santo cristiano que siempre estaba repitiendo la misma cita: «Ama a tu enemigo, y si alguien te da una bofetada, ofrécele la otra mejilla».

Un día, un hombre contrario al cristianismo, al encontrarse al santo solo, le propinó una fuerte bofetada y miró al santo a los ojos... Por un momento el santo quiso devolvérsela, pero como era un santo, recordando toda su enseñanza, y como este hombre se sentaba en primera fila en su congregación, le ofreció la otra mejilla, pensando que no lo abofetearía de nuevo. ¡El hombre le pegó más fuerte que en la otra mejilla!, y, en ese mismo instante, el santo se abalanzó sobre el hombre y le propinó un puñetazo en la nariz. El hombre dijo: «¿Qué estás haciendo? Eres cristiano, tienes que amar a tu enemigo».

Él contestó: «Olvídalo. Jesús habló sólo de dos mejillas; a la tercera soy libre. Ya no hay más que ofrecerte. Jesús no dijo que cuando alguien te abofeteara por segunda vez, ¡le ofrecieras la nariz!». Y como Jesús no lo dijo...

Gautama Buda, en uno de sus sermones, dice: «Intenta ser no-mecánico en la medida de lo posible. Si alguien te pega, te insulta, te humilla, perdónale siete veces. Sé consciente».

Jesús sólo lo dijo una vez, porque sólo hay dos mejillas, y una ya la ha abofeteado. Sólo queda una, así que no hay mucho... Buda dice siete veces.

Uno de los discípulos se levantó y dijo: «¿Qué pasa la octava vez? Tenemos que mantenernos pacientes siete veces, pero, ¿qué pasa a la octava vez?». Incluso Buda se quedó en silencio por un momento. La mecánica en el hombre es tan profunda... Él contestó: «Entonces, cámbialo, que sean setenta y siete veces».

El discípulo dijo: «Puedes cambiarlo a las veces que sean, pero la pregunta sigue en pie: ¿qué pasa a la septuagésimo octava vez? Podemos esperar setenta y siete veces...».

Puedes comportarte como un santo, pero si es algo mecánico, eso no cambia nada.

Estate alerta y date cuenta de que ayer hiciste lo mismo. Hoy haz algo diferente; no eres una máquina. Le dijiste lo mismo a tu esposa, haz una pequeña diferencia; no eres una máquina. Y si sigues cambiando continuamente las veinticuatro horas del día, lentamente, te irás deslizando fuera del comportamiento mecánico y surgirá en ti una conciencia.

Esa conciencia te hace realmente humano. Antes de ella, en realidad, no eres humano, sólo lo pareces.

cinco

EN BUSCA DE LA LIBERTAD

Déjame que te recuerde que no debes dar por segura la vida. Ha de ser creada, y sólo puede ser creada eligiendo libremente, eligiendo por ti mismo. Es cierto que existe la posibilidad de que te extravíes, de que cometas errores, equivocaciones. Pero no hay por qué preocuparse: los errores, las equivocaciones y los extravíos forman parte del crecimiento. Sólo cometiendo errores, uno aprende; sólo extraviándose, uno vuelve al camino correcto.

En una ocasión te he oído decir que el mal uso de la libertad es pernicioso. ¿Cómo puede ser mal usada la libertad?

Los filósofos siempre han creído que la esencia precede a la existencia, que el hombre nace con lo que va a estar ya determinado. Que, como una semilla, contiene todo el programa. Entonces, sólo es cuestión de desarrollarse. No existe libertad.

Ésa ha sido la actitud de todos los filósofos: que el hombre tiene un determinado sino, un destino. Uno se va a convertir en una determina entidad; eso es fijo, el guión ya está escrito. Tú no te das cuenta de ello (ésa es otra cuestión), pero todo lo que haces no lo estás haciendo tú, está siendo hecho a través de ti por fuerzas naturales desconocidas, o por Dios.

Ésta es la actitud de los deterministas, los fatalistas. Toda la humanidad ha padecido inmensamente por ello, porque en ese tipo de enfoque no hay posibilidad de un cambio radical. No se puede hacer absolutamente nada respecto a la transformación del hombre; todo va a ocurrir de la forma que va a ocurrir.

Esta actitud es lo que más ha hecho sufrir a Oriente. Cuando no se puede hacer nada, uno empieza a aceptarlo todo: la esclavitud, la pobreza, la fealdad; uno tiene que aceptar. No es comprensión, no es conciencia; no es lo que Gautama Buda llama esencialidad, *tathata*. Sólo es desesperación, desesperanza ocultándose tras hermosas palabras. Pero la consecuencia será desastrosa.

Se puede ver en la India, en su forma más desarrollada: la pobreza, los mendigos, la enfermedad, los mutilados, los ciegos. Y nadie repara en ello porque la vida es así, la vida siempre ha sido así y siempre lo será. Una especie de letargo se filtra en el alma.

Pero todo el enfoque es básicamente falso. Es un consuelo, no un descubrimiento. Es una forma de esconder las heridas de uno, es una racionalización. Y cuando las racionalizaciones empiezan a ocultar tu realidad, caes en espacios cada vez más oscuros.

Me gustaría decirte que la esencia no precede a la existencia; al contrario, la existencia precede a la esencia. El hombre es el único ser que tiene libertad. Un perro nace como perro, vive como perro y muere como perro; no hay libertad. Una rosa seguirá siendo una rosa; no hay posibilidad alguna de transformación, no puede convertirse en un loto. No existe la posibilidad de elección, no existe ninguna libertad. Sin embargo, en eso es en lo que el hombre es completamente diferente. Ésa es la dignidad del hombre, su particularidad en la existencia, su singularidad.

Por eso no estoy de acuerdo con Charles Darwin, porque empieza clasificando al hombre como otro de los animales; ni siquiera repara en la diferencia básica. La diferencia básica es que todos los animales nacen con un programa, sólo el hombre nace sin uno. El hombre nace como una *tabula rasa*, como una pizarra en blanco, en ella no hay nada escrito. Tienes que ser tú quien escribas todo lo que quieras; será tu creación.

El hombre no sólo es libre; me gustaría decir que el hombre es libertad. Ése es su núcleo esencial, ésa es su alma. En cuanto le niegas la libertad a un hombre le estás negando su más preciado tesoro, su reino. Entonces es un mendigo y en una situación mucho peor que los otros animales, porque ellos, al menos, tienen un programa. El hombre, simplemente, está perdido.

Una vez que se ha comprendido esto, que el hombre nace como libertad, se abren todas las dimensiones de crecimiento. Entonces depende de ti en lo que te conviertas o no te conviertas. Será tu propia creación. Entonces la vida se transforma en una aventura, no un desarrollo sino en una exploración, un descubrimiento. La verdad no te es dada, tienes que crearla tú. En cierto modo, cada momento te estás creando a ti mismo.

Si aceptas la teoría del destino, también será un acto de decisión sobre tu vida. Aceptando el fatalismo has elegido una vida de esclavo, ¡es tu elección! Has elegido entrar en una prisión, estar encadenado pero, aun así, es tu elección. Puedes salir de la prisión.

En eso consiste *sannyas*, en aceptar tu libertad. Por supuesto, a la gente le asusta ser libre, porque la libertad es arriesgada. Uno nunca sabe lo que está haciendo, adónde está yendo, cuál será el resultado final de todo eso. Si no eres alguien predeterminado, toda la responsabilidad es tuya. No puedes descargar la responsabilidad sobre los hombros de otro. Al final, estarás frente a la existencia completamente responsable de ti mismo, como quiera que seas. No puedes esquivarlo, no puedes huir de ello. De ahí el miedo. Por este miedo, la gente ha elegido todo tipo de actitudes deterministas.

Y es muy extraño que los religiosos y los no religiosos hayan coincidido en ese punto, en que la libertad no existe. En todos los demás puntos disienten pero, extrañamente, coinciden en ese punto. Los comunistas dicen que son ateos, no religiosos, y afirman que el hombre está determinado por las situaciones sociales, económicas, políticas. El hombre no es libre; la conciencia del hombre está determinada por fuerzas externas, ¡es la misma lógica! Puedes llamar a las fuerzas externas estructura económica; Hegel lo llama Historia (con hache mayúscula, recuerda) y la gente religiosa lo llama Dios; que también se escribe con mayúscula. Dios, historia, economía, política, sociedad; todas son fuerzas externas. Pero todos ellos coinciden en una cosa: que no eres libre.

Aquí es donde una persona auténticamente religiosa difiere.

Yo te digo que eres absolutamente libre, incondicionalmente libre. No eludas la responsabilidad; eludir no servirá de nada. Cuanto antes lo aceptes, mejor, porque podrás empezar a crearte a ti mismo inmediatamente. Y en cuanto te creas a ti mismo surge una gran alegría; cuando te has completado a ti mismo, de la forma que tú has querido, hay una inmensa satisfacción; como cuando un pintor acaba su cuadro, con el último toque, surge una gran satisfacción en su corazón. Un trabajo bien hecho reporta una gran paz. Uno siente que ha participado con la propia existencia.

Si Dios es el creador, entonces la única plegaria es ser creativo, porque sólo a través de la creatividad participas en esta creatividad de la existencia; no hay otra forma de hacerlo. No es algo que haya que pensarse, tienes que participar de alguna forma. No puedes ser un observador, sólo puedes ser un participante; sólo así saborearás su misterio. Crear un cuadro no es nada, crear un poema no es nada, crear música no es nada comparado con crearte a ti mismo, crear tu conciencia, crear tu mismo ser.

Pero la gente ha tenido miedo, y hay razones para tenerlo. La primera es que resulta demasiado arriesgado, ya que tú eres el único responsable. La segunda es que la libertad puede ser mal utilizada, ya que puedes elegir ser una cosa equivocada. Libertad significa que puedes elegir tanto lo correcto como lo incorrecto; si sólo eres libre para elegir lo correcto, no es libertad.

Entonces, sería como cuando Ford construyó sus primeros automóviles; todos eran negros. Se llevaba a los clientes a la sala de exposición y les decía: «Puede elegir cualquier color, ¡siempre que sea negro!».

¿Qué clase de libertad es ésta? *Siempre que* sea correcto, siempre que siga los diez mandamientos, siempre que concuerde con el Gita o el Corán, siempre que concuerde con Buda, Mahavira, Zoroastro.

¡Entonces no es en absoluto libertad! Libertad básicamente e intrínsecamente significa, que eres capaz de elegir ambas cosas, lo correcto o lo erróneo.

Y el peligro, y por lo tanto el miedo, radica en que siempre es más fácil hacer lo erróneo. Lo erróneo es una tarea cuesta abajo y lo correcto es una tarea cuesta arriba. Ir cuesta arriba es difícil, arduo; y cuanto más subes, más arduo se vuelve. Pero ir cuesta abajo es muy fácil; no tienes que hacer nada, la gravedad lo hace por ti. Puedes rodar como una piedra desde la cima y la piedra llegará hasta abajo; no hay que hacer nada. Pero si quieres elevarte en conciencia, si quieres elevarte en el mundo de la belleza, la verdad, la felicidad, anhelas las cimas más elevadas que existen y eso, ciertamente, es difícil.

En segundo lugar, cuanto más asciendes, mayor es el peligro de caer, porque el camino se estrecha y estás rodeado por todas partes de oscuros valles. Un solo mal paso y, simplemente, caerás en el abismo, desaparecerás. Es más cómodo, más conveniente caminar sobre suelo llano sin preocuparse por las alturas.

La libertad te ofrece la oportunidad de caer por debajo de los animales o bien elevarte por encima de los ángeles. La libertad es una escalera: un extremo de la escalera llega al infierno; el otro extremo toca el cielo. Se trata de los mismos peldaños; la elección es tuya, la dirección debe ser elegida por ti.

Para mí, si no eres libre, no puedes utilizar mal tu no libertad; la no libertad no puede ser mal utilizada. El preso no puede utilizar mal su situación, está encadenado, no es libre para hacer nada. Y ésa es la situación en la que se encuentran todos los animales excepto el hombre: no son libres. Han nacido para ser un determinado tipo de animal y lo cumplirán. De hecho, lo cumple la naturaleza; ellos no tienen que hacer nada. En sus vidas no hay reto. Sólo el hombre tiene que enfrentarse al reto, al gran desafío. Muy pocas personas han elegido el riesgo, marchar a las alturas, descubrir sus cimas supremas. Sólo Buda, Cristo y algunos más: se pueden contar con los dedos.

¿Por qué toda la humanidad no ha elegido alcanzar el mismo estado de felicidad que Buda, el mismo estado de amor que Cristo, el mismo estado de celebración que Krisna?, ¿por qué? Por la sencilla razón de que, incluso aspirar a esas alturas, es peligroso; es mejor no pensar en ello. Y la mejor manera de no pensar en ello es aceptar que la libertad no existe; estás determinado ya de antemano; recibes un determinado guión antes de tu nacimiento y tú solo tienes que seguirlo.

Preguntas: «¿Cómo puede ser mal utilizada la libertad?».

Sólo la libertad puede ser mal utilizada; la esclavitud no puede ser mal utilizada. Por eso, en la actualidad, se ve tanto caos en el mundo. Nunca había sido así antes por la sencilla razón de que el hombre no era tan libre. Se ve más caos en América que en Rusia por la sencilla razón de que en Rusia la gente no es libre para elegir. En América disfrutan de la mayor libertad que jamás haya existido en el mundo en toda la historia. Siempre que existe libertad, irrumpe el caos, pero ese caos merece la pena porque sólo de ese caos nacen las estrellas.

Mi gente será odiada en el mundo entero, será condenada por la sencilla razón de que ha elegido vivir una vida de libertad. Yo no estoy dando ninguna disciplina, porque toda disciplina es una forma sutil de esclavitud. No estoy dando ningún mandamiento, porque cualquier mandamiento dado por alguien que venga del exterior, te encarcelará, te esclavizará.

Sólo te estoy enseñando a ser libre y luego dejo que tú hagas lo que quieras con tu libertad. Si quieres caer más bajo que los animales es tu decisión y estás en tu derecho, porque se trata de tu vida. Si así lo decides, es tu privilegio. Pero si entiendes la libertad y su valía, no irás hacia abajo; no caerás por debajo de los animales; empezarás a elevarte por encima de los ángeles.

El hombre no es una entidad, es un puente entre dos eternidades: lo animal y lo divino, lo inconsciente y lo consciente. Crece en conciencia, crece en libertad, elige cada paso que des: créate a ti mismo. Un *sannyasin* es alguien que se crea a sí mismo y acepta toda la responsabilidad que ello conlleva.

Durante mucho tiempo he estado buscando desesperadamente la verdad espiritual. A pesar de lo que sentí como muchas genuinas experiencias espirituales, seguía descontento y atormentado. Últimamente, mis ardientes deseos de experiencia espiritual y de los frutos de esas experiencias han ido desapareciendo. En la actualidad, simplemente disfruto de la vida cotidiana y de todo lo que ésta conlleva: una comida sabrosa, un paseo por el campo, unas buenas risas con la persona que amas, etc. ¿Me estoy mareando camino de la iluminación?, por favor, ¿puedes comentar acerca de la diferencia entre dormirse y dejarse ir?

Lo estás haciendo perfectamente. Pero olvídate de la iluminación por completo. Disfruta de las cosas sencillas con total intensidad. Una simple taza de té puede ser una profunda meditación. Si puedes disfrutarlo, su aroma, sorberlo despacio, su sabor... ¿A quién le importa Dios? No sabes que Dios siente envidia cada vez que te ve tomando una taza de té; el pobre no puede hacerlo; ni tomar café instantáneo... En el Jardín del Edén no disponen de esas cosas, y desde que se marcharon Adán y Eva, no hay ninguna compañía humana. Dios vive con animales, que no saben hacer té. Dios siente envidia de ti, y se arrepiente mucho de haber expulsado a Adán y Eva del Jardín del Edén, pero ya no se puede hacer nada al respecto. Los hijos e hijas de Adán y Eva viven de una forma más hermosa, más rica.

La iluminación ocurre cuando te has olvidado por completo de ella. No la mires ni siquiera de reojo, sólo en caso de que esté viniendo y puedas perdértela. Olvídate por completo de ella. Simplemente, disfruta tu vida sencilla. Y todo es tan hermoso... ¿Por qué generarte a ti mismo ansiedad y preocupación innecesarias? Son extraños problemas de espiritualidad, son de esas cosas por las que no puedes hacer nada al respecto.

Si puedes hacer de tu vida cotidiana algo hermoso, artístico, todo lo que siempre habías deseado empezará a ocurrir por sí solo.

Hay una hermosa historia...

En el estado de Maharashtra, en la India, hay un templo. Se trata de un templo dedicado a Krisna, y existe una extraña historia relacionada con él. En ese templo, la estatua de Krisna —en Maharastra le llaman «Bitthal»— está de pie sobre un ladrillo. Es extraño, porque en ningún otro templo existe ningún dios que esté de pie sobre un ladrillo.

La historia habla de un hombre hermoso que disfrutaba de cada momento de la vida a tope. Estaba tan contento y satisfecho que Krisna decidió aparecérsele. Hay gente que se pasa toda la vida cantando y bailando: «Hare Krisna, Hare Rama», y, normalmente, ni Rama ni Krisna se les aparecen; no se les aparece nadie. Este hombre no se preocupaba ni por Krisna ni por Rama ni por cualquier otro. Simplemente, vivía su vida, pero de la forma que se debe vivir, con amor, con corazón, con belleza, con música, con poesía. Su vida en sí era una bendición, así que Krisna decidió: «Este hombre merece que le haga una visita».

Fíjate en la historia; el hombre no está pensando para nada en Krisna, pero Krisna, por su parte, siente que este hombre se merece una visita. Se presenta en medio de la noche para no causar ningún problema al resto del pueblo. Encuentra la puerta abierta y entra.

La madre del hombre está muy enferma, y él le está masajeando los pies. Krisna se le acerca desde atrás y le dice: «Soy Krisna y he venido a concederte una audiencia, un *darshana*».

Y el hombre le contesta: «Éste no es buen momento; le estoy masajeando los pies a mi madre». Justo a su lado había un ladrillo, empujó el ladrillo hacia atrás por el suelo, sin siquiera mirar para ver quién era este tal Krisna, y le dijo que se sentara en él, que le atendería cuando acabase con lo que estaba haciendo. Pero estaba tan absorto masajeando los pies de su madre, quien estaba casi agonizando, que pasó toda la noche con Krisna sentado ahí, quien pensaba: «Qué extraño. Hay gente que se pasa toda la vida "Hare Krisna, Hare Rama" y nunca los visito. Vengo aquí ¡y este loco ni siquiera me ha mirado!».

Ya se estaba haciendo de día, estaba amaneciendo, y Krisna se empezaba a preocupar porque la gente empezaría a pasar por allí. La casa daba justo a la calle y la puerta estaba abierta, y si la gente lo veía habría problemas; se aglomerarían. Así que desapareció, dejando una estatua suya sobre el ladrillo.

Finalmente, cuando la madre se quedó dormida, el hombre se volvió para ver quién era el tipo que le había estado molestando por la noche, y encontró la estatua de Krisna. Todo el pueblo se reunió; esto era un milagro, ¿qué había ocurrido? Él contó toda la historia. Le dijeron: «Eres un tipo extraño. Ha venido el propio Krisna, ¡pero eres tan tonto! Al menos, podrías haberle invitado a sentarse, ofrecido algo de comer, algo de beber. Vino a visitarte».

El hombre dijo: «En aquel momento, ese ladrillo era lo único que tenía a mano. Y cuando estoy haciendo algo, lo hago con totalidad. No quiero ninguna interferencia. Si tiene tanto interés en ser visto, puede volver; no hay prisa».

La estatua se conserva en el templo de Bitthal, todavía de pie sobre un ladrillo. Pero el hombre era realmente magnífico, no se preocupaba por recompensas o cosas así, tan plenamente absorto en cada acción que la propia acción era su recompensa. Aunque venga Dios, la recompensa de la totalidad de acción es mayor que Dios.

Nadie ha interpretado la historia como la estoy interpretando yo, pero es obvio que cualquier otra interpretación es absurda. Así que, olvídate de la espiritualidad, de la iluminación, de Dios; ellos se cuidarán de sí mismos, es asunto suyo. Están ahí sentados sin clientes. No necesitas preocuparte; tú haz lo mejor que puedas con la vida. Ese es tu examen, esa es tu devoción, esa es tu religión. Todo lo demás vendrá por sí solo.

¿Sentarse en silencio, sin hacer nada, observando crecer la hierba, y quizá durmiéndose, es realmente suficiente?

En una ocasión te he oído decir que nosotros creamos nuestras propias vidas, nuestros propios infiernos y desdichas, y que somos responsables. Si sentarse en silencio es realmente suficiente, ¿dónde encaja «el esfuerzo» o «la disciplina»? Entonces, si estamos haciendo algo, ¿qué estamos «haciendo»? ¿Podemos hacer algo o sólo estoy soñando que estoy haciendo algo? En cierto sentido, estoy harto de ello. Pero entonces, ¿acabaré en un estado de letargo e indiferencia en el que no puedo ver ningún amor o belleza?

La gente que ha estado explotando a la humanidad ha instaurado grandes filosofías, teologías, disciplinas. Sin el apoyo de todo este marco filosófico, teológico, religioso, sería imposible crear la falsa personalidad. La palabra *disciplina* procede de esa gente, y la palabra *esfuerzo* también procede de esa gente.

Han creado un mundo en el que se enfatiza tanto en el trabajo, el esfuerzo, el tesón, la lucha, el éxito, que han hecho que casi todo el mundo acabe siendo adicto al trabajo, que es peor que ser alcohólico, porque el alcohólico al menos siente que está haciendo algo malo. El adicto al trabajo siente que está haciendo lo correcto, y aquellos que no son adictos al trabajo son vagos, inútiles; no tienen siquiera derecho a existir porque son una carga.

Esa gente ha destruido palabras hermosas, les han dado nuevas connotaciones, nuevos significados. Por ejemplo, *disciplina*. Disciplina no significa lo que te han dicho. La palabra *disciplina* procede de la misma raíz que *discípulo*. Su sentido original es: «Capacidad de aprender; a ser más sensible, más consciente, más sincero, más auténtico, más creativo». La vida, si es un proceso de constante aprendizaje, exploración, es un hermoso viaje. Entonces, cada momento es emocionante, porque cada instante estás abriendo una nueva puerta, cada momento estás conectando con un nuevo misterio. La palabra *discípulo* define a aquel que aprende y *disciplina* define el proceso de aprendizaje.

Pero la palabra disciplina ha sido prostituida para que signifique obediencia. ¡Han convertido el mundo entero en un campamento de *boy scouts*! Por encima, hay alguien que sabe, así que no necesitas aprender, te tienes que limitar a obedecer. Han invertido totalmente el sentido de disciplina.

Aprender, automáticamente, consiste en dudar, en preguntar, en ser escéptico, en ser curioso, no en ser creyente, porque el creyente nunca aprende. Pero ellos llevan miles de años utilizando la palabra de esta forma. Y no sólo han prostituido una palabra. Lo han hecho con muchas hermosas palabras que, en manos de los intereses privados, se han vuelto tan horribles que uno no se puede ni imaginar el sentido original. Miles de años de mal uso...

Quieren que todo el mundo tenga la misma disciplina que hay en el ejército. Cuando te ordenan algo, tienes que hacerlo sin preguntar por qué. Ésa no es la forma de aprender.

Ya desde el principio han impuesto historias en las mentes de la gente, que el primer pecado que se cometió fue la desobediencia. Adán y Eva fueron expulsados del Jardín del Edén por desobedecer. Lo he intentado de mil maneras, pero sigo sin ver que cometieran pecado o crimen alguno. ¡Simplemente estaban explorando! Si estás en un jardín, empiezas a explorar los frutos y las flores, y a ver qué es comestible o no.

Además, la culpa es de Dios, porque les prohibió dos árboles; les señaló ambos y dijo: «No debn acercarse a estos dos árboles. Uno es el árbol de la sabiduría y el otro es el árbol de la vida eterna». Piensa, si tú fueses Adán y Eva, ¿no dirías que era el propio Dios quien estaba tentándolos a acercarce a esos dos árboles? Esos dos árboles eran el árbol de la sabiduría y el árbol de la vida eterna. ¿Qué podría tener Dios en contra de ellos? Si realmente fuese un padre, alguien que te ama, podría haberlos señalado y haber dicho: «Este árbol es venenoso, no coman de él», o pudo haber dicho: «Éste es el árbol de la muerte; si comes de él, morirás. ¡Pero en esos dos árboles no había nada malo! Come de ellos tanto como puedas, porque ser sabio y tener vida eterna es totalmente correcto».

Todo padre desearía que sus hijos tuvieran sabiduría y vida eterna; éste, sin embargo, parece absolutamente carente de amor. No sólo falto de amor, sino que, como le dijo el diablo a Eva: «Les ha prohibido esos dos árboles, ¿sabes por qué?, porque si comen de esos dos árboles serán iguales que él, y él es envidioso, no quiere que ustedes se vuelvan divinos.

No quiere que os convirtáis en dioses, llenos de sabiduría y vida eterna».

Yo no veo fallo alguno en el argumento del diablo, es absolutamente correcto. De hecho, es el primer benefactor de la humanidad. Sin él, quizá no habría habido humanidad, ni Gautama Buda, ni Kabir, ni Cristo, ni Zoroastro, ni Lao Tzu... tan sólo búfalos, asnos y yanquis, todos masticando hierba alegremente. Y Dios se habría sentido muy feliz de que sus hijos fuesen tan obedientes. Pero esta obediencia es veneno puro.

El diablo debe ser reconocido como el primer revolucionario del mundo, y el primero que pensó en términos de evolución, sabiduría, vida eterna. Dios dijo, o eso es lo que siempre han dicho los sacerdotes, los rabinos, los curas cristianos, los *maulavis* musulmanes, los ayatolás... llevan siglos diciendo que era el pecado original. De nuevo, otra prostitución de una hermosa palabra. La palabra pecado en sus orígenes significaba olvido. No tenía nada que ver con lo que entendemos ahora. El único pecado es olvidarte a ti mismo, y la única virtud es recordarte a ti mismo. No tiene que ver nada con la obediencia, no tiene que ver nada con la disciplina.

Aquellos que quieren explotar... su intención es la propia de un parásito, que te saca hasta la última gota de sangre. Dicen: «Trabaja duro, sé disciplinado, obedece las órdenes. No necesitas cuestionar las órdenes, ya que proceden de una inteligencia superior a la tuya». Su estado mental es tal que ni siquiera quieren que duermas. En algunos lugares están desarrollando un sistema educativo completo: durante el día, todos los niños serán educados en una escuela, pero se preguntan: ¿por qué desperdiciar toda la noche? La gente, a su debido tiempo, sale de la universidad y trabaja en el mundo. Pero sólo trabajan unas cuantas horas, desperdiciando por completo toda la noche; que también se podría aprovechar. Están desarrollando métodos y medios para aprovecharla. Por ejemplo, puede utilizarse para enseñar. Podrían conectar a un mecanismo sutil, controlado por un sistema central en la ciudad, a los oídos del niño y transmitir lo que llaman «educación subliminal». No te altera el sueño; es tan suave, tan bajo que ni siquiera puede ser definido como susurro, porque incluso el susurro te puede alterar el sueño... su volumen es inferior al de un suspiro.

Y desde hace siglos, se sabe que lo mejor que se puede hacer para que una mujer te escuche es susurrar. Si empiezas a susurrarle a alguien, ¡cualquier mujer en la cercanía oirá con toda claridad lo que estés diciendo! Si hablas en voz alta, nadie presta atención. Susurrar significa que estás intentando ocultar, que hay algún secreto. La mujer, que es más sensible, se pone alerta y capta todo lo que estés diciendo. Así que si le quieres decir algo a una mujer, ¡susúrraselo a alguien y ella recibirá el mensaje con toda exactitud!

En los experimentos de educación subliminal se trabaja con un volumen inferior al susurro. Han descubierto que no altera el dormir, ni siquiera altera los sueños. Los sueños están a un determinado nivel y dormir está a un nivel más profundo que los sueños y el susurro subliminal es más profundo que el dormir; así que, simplemente, va por debajo. Durante las ocho horas de la noche, puedes enseñarle al niño lo que quieras, y lo más maravilloso de esto es que lo recordará todo. No es necesario memorizarlo, no es necesario hacer deberes. Simplemente, entra en el sistema de memoria del niño desde una fuente subterránea. ¡Ya han capturado tus veinticuatro horas! Un día puede que te retiren la libertad de soñar. Es posible que el gobierno acabara decidiendo lo que la gente tiene que soñar o no. Los sueños se podrían proyectar como las películas sobre una pantalla, y no serás capaz de distinguir si estás soñando o si la agencia del gobierno está proyectando alguna idea. La enseñanza subliminal es, realmente, uno de los descubrimientos científicos más peligrosos. Se ha experimentado en muchos países con resultados muy positivos.

Por ejemplo, cuando vas a ver una película, hay anuncios publicitarios que funcionan, pero requieren una constante repetición. Una determinada marca de cigarrillos... tienes que verla en el periódico, por televisión, en el cine, tienes que oírla por la radio, tienes que verla en los carteles de la calle; tiene que ser repetida continuamente. A una determinada marca no le prestas atención, simplemente la lees y te olvidas de ella, pero va dejando una huella dentro de ti; y cuando vas a comprar cigarrillos, de repente, te ves pidiendo esa marca. Hasta ahora, la publicidad ha sido un proceso largo. La enseñanza subliminal sería un atajo muy peligroso. En algunas películas han probado, experimentalmente, mostrar el mensaje entre dos fotogramas. Viendo la película, no te das cuenta de que ha ocurrido algo; sigues viendo la película. La historia continúa y en sólo un flash, tan corto que tus ojos no serán capaces de detectarlo, sientes mucha sed y necesitas tomar una Coca-Cola. No necesitas leer «Coca-Cola», porque, aunque no lo hayas leído, tu memoria simplemente ha captado la idea. Y han descubierto que la noche que se llevaron a cabo esos experimentos, en esas determinadas salas, las ventas de esa bebida aumentaron un 70 por ciento. La gente que la pide no sabe por qué está, simplemente siente sed. En realidad no siente sed y no necesita Coca-Cola, pero se ha realizado un impacto subliminal. Esto es peligroso, se lleva tu libertad. Ni siquiera eres libre para elegir, simplemente se te ordena, y de tal forma que ni siquiera te das cuenta de que te están ordenando comprar Coca-Cola.

Los partidos políticos van a utilizarlo: «Vote por Ronald Reagan». No hará falta ensuciar todas las calles con carteles que digan: «Vote por Ronald Reagan», simplemente, mensajes subliminales en televisión, en las películas.

Algunos pedagogos están pensando que el tiempo nocturno de todas las personas puede ser utilizado para seguir estudiando, para cursos de actualización. Por ejemplo, un médico sale de la universidad, pero la ciencia médica sigue avanzando y el médico se va quedando atrás. Prescribe medicamentos que ya no son válidos; la ciencia ha mejorado y ha descubierto medicamentos mejores. El médico no tiene tiempo de leer toda esa literatura, pero se puede utilizar su noche. Puede ocuparse de sus pacientes durante el día y recibir las últimas informaciones durante la noche. Pero eso es convertir a la persona en un robot, las veinticuatro horas vinculada al trabajo, haciendo cualquier tipo de trabajo que se quiera. No es la libre voluntad de la persona.

Este tipo de gente ha llevado palabras hermosas como disciplina, trabajo u obediencia a un estado tan desagradable que es mejor no usarlas en absoluto durante unos días. El trabajo es hermoso si proviene de tu amor, de tu creatividad. Entonces el amor tiene una cualidad espiritual. La disciplina es buena si proviene de tu aprendizaje, de tu discipulado, de tu dedicación, de tu devoción; entonces es algo que está creciendo en ti como una hermosa llama, dirigiendo tu vida con su luz. Si la obediencia proviene de la confianza, es hermosa; no porque vayas a ser castigado si no obedeces a alguien con más poder que tú.

Dios no pudo perdonar ni tan siquiera un acto de desobediencia. Los pobres ¡Adán y Eva se habían comido una manzana!

Durante cinco años viví, principalmente, a base de manzanas. Mi madre solía decirme: «Deberías pensártelo, Adán y Eva fueron expulsados del Jardín del Edén por una sola manzana. ¡Y tú te alimentas básicamente de manzanas!». Durante cinco años, apenas comía otra cosa. Y le contestaba: «Eso es lo que quiero ver... ¿adónde me mandará Dios? Como mucho, podría mandarme al Jardín del Edén. Sólo existen dos lugares, el Jardín del Edén y el mundo. No hay ningún otro mundo al que me pueda mandar». Naturalmente, Dios no decía nada. «¿Qué puedo hacer? Este niño está cometiendo pecados de la mañana a la noche, pecado sobre pecado», porque ésa era casi mi única comida.

Dios no pudo perdonar una pequeña falta. La cuestión no es que Adán y Eva hayan cometido un gran pecado. La cuestión es que el ego de Dios se siente herido. Fue una forma de venganza, su castigo fue una gran venganza. Es increíble que, incluso ahora, estés sufriendo por el pecado cometido por Adán y Eva. No conocemos a esas personas, no sabemos cuándo existieron, si existieron o no; no participamos en su acto; ¿y aun así estamos sufriendo?

¿Cada niño sufrirá dicha venganza? No parece algo divino. Dios parece ser más malo que el diablo. El diablo parece ser más amistoso, más comprensivo. Los que han envenenado estas palabras —trabajo, disciplina, obediencia— son los sacerdotes de este Dios, sus representantes. Han destruido la belleza de unas palabras sencillas.

La obediencia también puede ser de una belleza inmensa. Pero debe proceder de tu compromiso, no de una orden dada por alguien. Debe proceder de tu corazón.

Tu amor, tu respeto y tú están dedicados tan profundamente a alguien que tu corazón siempre dice sí; ha olvidado cómo se dice no. Aunque quisieras decir no, has olvidado la palabra. Entonces, la obediencia es religiosa, espiritual.

¿Existe otro camino sin muerte e inseguridad?

En primer lugar, la muerte no existe. La muerte es una ilusión.

Siempre es otro el que muere; tú nunca mueres. Eso significa que la muerte siempre ha sido vista desde el exterior, es el punto de vista del que está fuera.

Aquellos que han visto su mundo interior son unánimes al afirmar que la muerte no existe. No sabes en qué consiste tu conciencia; no consiste en la respiración, no consiste en los latidos de tu corazón, no consiste en la circulación de la sangre. Así que cuando el médico dice que un hombre está muerto, es la conclusión de alguien que está fuera; lo único que está diciendo es: «Este hombre ya no respira, su pulso se ha parado, su corazón no late». ¿Son estas tres cosas equivalentes a la muerte? No lo son. La conciencia no es ni tu cuerpo ni tu mente ni tu corazón.

Así que cuando alguien muere, muere para ti, no para él mismo. Para él mismo, simplemente, se ha mudado de casa, quizá a un apartamento mejor. Pero como le estás buscando en el antiguo apartamento, no lo encuentras y crees que el pobre muchacho está muerto. Lo único que deberías decir es: «El pobre muchacho se ha ido. Pero, ¿a dónde?, no lo sabemos».

De hecho, la ciencia médica está sobrepasando sus límites cuando dice que alguien está muerto. La medicina todavía no tiene derecho porque aún no tiene una definición de en qué consiste la muerte. Lo único que puede decir es: «Este hombre ya no respira, su corazón se ha parado, ya no tiene pulso». Concluir que está muerto es ir más allá de lo que estás viendo. Pero como la ciencia no tiene la menor idea de la conciencia, la muerte del cuerpo se convierte en la muerte del ser.

Aquellos que han conocido el ser... y no hace falta morir antes para conocerlo; pueden ir adentro. Eso es lo que yo llamo meditación: simplemente ve adentro y descubre lo que es tu centro, y en tu centro no hay respiración, no hay latidos del corazón, no hay pensamiento, ni mente, ni corazón, ni cuerpo y, aun así, eres.

Una vez que alguien se ha experimentado a sí mismo, que no es el cuerpo, ni la mente, ni el corazón, sino pura conciencia, sabe que, para él, la muerte no existe, porque no depende del cuerpo.

La conciencia no depende de la circulación de la sangre. No depende de que el corazón lata, no depende de que la mente funcione o no. Es un mundo completamente distinto; no está constituido por nada material, es inmaterial.

Así que lo primero que hay que aprender es que la muerte no existe, no se ha encontrado.

Y si la muerte no existe, ¿qué inseguridad puede existir?

Para una vida inmortal no puede haber inseguridad. Tu inmortalidad no depende del saldo de tu cuenta; el mendigo es tan inmortal como el emperador. En lo que respecta a la conciencia de las personas, ése es el único mundo donde existe el verdadero comunismo: todos tienen las mismas cualidades, y no tienen nada que puedan perder o les puedan quitar. No tienen nada que pueda ser destruido, quemado.

La inseguridad no existe. Toda inseguridad es una sombra de la muerte.

Si te fijas con atención verás que todo sentimiento de inseguridad está arraigado en el miedo a la muerte. Pero yo te estoy diciendo que la muerte no existe; por lo tanto, no puede existir ninguna inseguridad. Somos seres inmortales, *amritasya putrah*.

Eso es lo que decían los videntes del antiguo Oriente: «Son los hijos de la inmortalidad».

No eran avaros como Jesucristo, que decía: «Yo soy el único hijo legítimo de Dios». Esa es una extraña idea. A uno, incluso le debería dar cierta vergüenza decir «Yo soy el único hijo legítimo de Dios»... ¿Y qué pasa con los demás?, ¿son todos bastardos? ¡Jesús está condenando a todo el mundo! Él es el hijo de Dios, ¿y de quiénes son hijos e hijas los demás? Es extraño, ¿por qué Dios no ha tenido más hijos después de él?, ¿se habrá agotado con un hijo?, ¿o estará a favor del control de natalidad?

He cuestionado al papa y a la madre Teresa: «Su Dios debe estar a favor del control de natalidad, debe estar utilizando cosas que le ustedes prohíben a la gente, como condones y esas cosas; porque si no, ¿cómo se explica? Ya que tuvo un hijo, podría haber tenido al menos una hija... es una tendencia natural».

Y toda una eternidad, sin ninguna diversión.

Los psicólogos dicen que los pobres tienen más hijos por la sencilla razón de que no tienen ninguna otra diversión. Para ir al cine necesitas dinero, para ir al circo necesitas dinero, para ir a la playa de Chowpatty, necesitas dinero. Siempre que hay diversión, necesitas dinero. Así que la cama es la única diversión para la que no se necesita dinero, nadie pide dinero.

¿Qué hace Dios? No puede ir a Chowpatty ni al circo ni al cine. Está sentado eternamente aburrido... ¿Y sólo ha tenido un hijo? Eso se puede interpretar de muchas maneras: quizá acabó tan frustrado con este hijo que decidió hacerse célibe: «No voy a procrear a ningún idiota más».

Jesús sólo estuvo predicando en la tierra durante tres años. Sólo tenía treinta y tres años cuando fue crucificado; un gran salvador que no se pudo salvar a sí mismo. Dios debe haberse sentido tremendamente decepcionado: «¡Se acabó! No más hijos ni más hijas».

La realidad es que hay cierto elemento de egoísmo en ser el único, sin competidores. Krisna puede que sea la encarnación de Dios, pero no es el hijo; sólo una fotocopia. Mahoma puede que sea un mensajero, un simple cartero. Pero Jesús es especial, él es el único hijo legítimo de Dios. Hay cierto egoísmo en ello.

Los antiguos videntes no eran tan egoístas. Ellos declararon a toda la humanidad —pasada, presente y futura— *amritasya putrah*: «Todos son hijos de la inmortalidad». No se están poniendo por encima de ti, no están pretendiendo ser más santos que tú. Están haciendo que, en lo que respecta a la conciencia, todo ser humano sea absolutamente igual, eterno. La inseguridad no existe.

No es necesario ningún otro camino y, de todas formas, no hay otro camino.

La vida es el camino que cruza las ilusorias puertas de la muerte.

Puedes cruzar la puerta conscientemente. Si eres lo bastante meditativo, puedes pasar por la muerte sabiendo con seguridad que te estás mudando de casa; puedes entrar en otro útero sabiendo con seguridad que te estás mudando a otro apartamento, y que siempre es mejor, porque la vida siempre está evolucionando. Y si consigues morir conscientemente, entonces, con toda seguridad, tu nueva vida será a un nivel muy elevado, desde el principio. Yo no veo inseguridad alguna.

Vienes al mundo sin nada, así que una cosa es segura: nada te pertenece.

Lllegas completamente desnudo, pero con ilusiones. Por eso todos los niños nacen con las manos cerradas, empuñando, creyendo que traen tesoros. Pero esos puños están vacíos. Y todo el mundo muere con las manos abiertas. Intenta morir con los puños cerrados, pero hasta ahora nadie lo ha logrado. O intenta nacer con las manos abiertas, tampoco lo ha logrado nadie.

El niño nace con los puños cerrados, con la ilusión de que está trayendo tesoros al mundo, pero en el puño no hay nada. Nada te pertenece, así que ¿por qué sentir inseguridad? No te pueden robar nada, no te pueden quitar nada.

Todo lo que estás utilizando pertenece al mundo.

Y un día tienes que dejarlo todo aquí.

No podrás llevarte nada.

He oído que en un pueblo había un hombre rico que era tan avaro que nunca le había dado limosna a ningún mendigo. Toda la comunidad de mendigos lo sabía; cuando veían que algún mendigo se ponía delante de su casa, sabían que debía ser nuevo, forastero, así que le decían que allí no sacaría nada.

Aunque su esposa se estaba muriendo, él no llamaba al médico. Sólo tenía un amigo, porque tener muchos amigos representa una innecesaria inseguridad; alguien puede pedirte dinero, alguien puede pedirte algo. Sólo tenía un amigo, que era tan avaro como él, así que entre ellos nunca habían tenido problemas. Ambos entendían la psicología del otro: nada de conflicto, nada de preguntar, nada que pudiese provocar una situación embarazosa.

El amigo dijo: «Hay que llamar al médico ahora mismo, tu mujer se está muriendo».

El hombre dijo: «Todo está en las manos de Dios, ¿qué puede hacer un médico? Si ha de morir, morirá. Si lo hicieras, me causarías problemas innecesarios... pagar al doctor, la medicina, esto y aquello. Yo soy un hombre religioso, y si no se ha de morir, se recuperará sin ningún médico. El verdadero médico es Dios, nadie más. Creo en Dios porque nunca te pasa la cuenta ni nada por el estilo».

La esposa murió.

Su amigo le dijo: «Fíjate, por un poco de dinero no llamaste al médico».

Él le contestó: «¿Un poco de dinero? El dinero es dinero; nunca es cuestión de un poco. Y la muerte le llega a todo el mundo».

El amigo, que estaba un poco enfadado, le dijo: «Esto es demasiado. Yo también soy un avaro, pero si mi mujer se estuviera muriendo, llamaría al boticario aunque sea, pero llamaría a alguien. Pero tú eres realmente duro, ¿qué vas a hacer con todo tu dinero?».

Él contestó: «Me lo llevaré conmigo».

El amigo le dijo: «Es la primera vez que oigo una cosa así».

Él replicó: «Pero nadie lo ha intentado jamás». Eso también era verdad. Y continuó diciendo: «Mira. Tengo mi propio plan, me lo llevaré todo conmigo».

El amigo le pidió: «Cuéntame tu secreto, porque algún día yo también tendré que morir, y como eres tan buen amigo...»

Él le contestó: «La amistad es importante, pero este secreto no te lo puedo contar. Además, es un secreto que no se puede utilizar cuando te estás muriendo, se tiene que utilizar antes, tienes que llevar todo tu dinero, tu oro, tus diamantes y todo lo demás al río, antes».

El amigo le preguntó: «¿Qué quieres decir?».

El hombre continuó: «Sí. Luego te metes con todo en una barca y te vas al centro del río, te tiras con todo tu dinero y te ahogas, ¿lo entendiste? ¡Inténtalo! Nadie lo ha intentado. Si no lo consigues no pasa nada, porque todo el mundo se va sin llevárselo. Si lo consigues, serás el pionero, el primero que llega al paraíso con la bolsa llena de dinero. Y todos los santos se quedarán estupefactos: «¡Lo que ha hecho este hombre!»».

Pero el amigo le dijo: «Pero eso significa que tienes que morir».

Él respondió: «Naturalmente, y tienes que tener buena salud. Cuando te estés muriendo, te resultará muy difícil llevar esa pesada carga. Yo lo voy a hacer pronto, porque mi mujer se ha ido; ya no me queda nadie».

Pero, aunque te tires al mar con todo tu dinero, el dinero se quedará en el mar, tu cuerpo se quedará en el mar.

Tendrás que partir solo, solo, simplemente, como conciencia.

Nada te pertenece, nada trajiste aquí, y nada te puedes llevar de aquí.

La vida es así.

La muerte es la única ilusión que hay que comprender.

Si puedes vivir plenamente, totalmente, entendiendo la muerte como una ilusión (no porque lo esté diciendo yo, sino por tu propia experiencia en profunda meditación) entonces, vive la vida plenamente, tan totalmente como sea posible, sin ningún miedo. La inseguridad no existe, porque incluso la muerte es ilusoria.

Sólo el ser viviente en ti es real.

Límpialo, agúzalo, hazlo plenamente consciente para que ni siquiera una pequeña parte de él se ahogue en la oscuridad, para que seas luminoso por todas partes, para que te enciendas.

Ésa es la única forma; no hay ninguna otra alternativa.

Ni falta hace.

Estoy confundido por la diferencia entre individualidad y personalidad. ¿Qué queda del individuo, si es que queda algo, después de la partida del ego?

La individualidad es tu esencia. Vienes con ella, naces con ella. La personalidad es prestada, te la otorga la sociedad, es como ropa, un vestuario sutil.

El niño nace desnudo, luego ocultamos su desnudez; le ponemos ropa. El niño nace con esencia, con individualidad. Eso también lo ocultamos, porque la personalidad desnuda es muy rebelde, muy inconforme.

La individualidad es, exactamente, lo que significa. Es individual. La personalidad no es individual, es social. La sociedad quiere que tengas personalidades, no individualidades, porque tus individualidades generarán conflicto. La sociedad oculta tu individualidad y le da una personalidad.

La personalidad es algo aprendido. La palabra «personalidad» procede de una raíz griega que significa máscara, persona. En el teatro griego los actores solían llevar máscaras para ocultar sus verdaderas caras y mostrar otras. De persona viene la palabra «personalidad». Es una cara que te pones; no es tu cara original.

Cuando desaparezca la personalidad, no tengas miedo. Entonces, por primera vez, te vuelves auténtico. Por primera vez te vuelves real. Por primera vez alcanzas la esencia. A esa esencia, en la India, se le ha llamado *atma*, el alma.

El ego es el centro de la personalidad y lo divino es el centro de la esencia. De ahí tanta insistencia desde todos los rincones en que el ego ha de ser abandonado. Porque tienes que saber lo que eres, no lo que se espera que seas.

La personalidad es falsa; es la mayor mentira. Toda la sociedad depende de la personalidad. El Estado, la Iglesia, las organizaciones, las altas esferas, todos son mentiras. La psicología occidental sigue pensando demasiado en la personalidad. Por eso toda la psicología está basada en una mentira básica.

En Oriente pensamos en la esencia, no en la personalidad. Aquello que has traído, aquello que es tu naturaleza intrínseca, *swabhava*, aquello que es tu esencia intrínseca, que tiene que ser conocido y que ha de ser vivido.

La personalidad es aquello que no eres, pero que intentas aparentar. La personalidad es aquello que tienes que usar por conveniencia cuando te mueves en la sociedad.

Estás caminando, has salido a dar un paseo matutino, alguien pasa a tu lado y le sonríes. Esa sonrisa puede proceder o bien de la esencia o bien de la personalidad. La sonrisa puede ser, realmente, por el deleite de ver a la persona, de ver la divinidad en esa persona, de ver el corazón, el amor, lo sin forma, que se ha encarnado en esa persona.

Por eso en la India nunca utilizamos frases como «buenos días». No significan mucho. Decimos Ram, Ram... Nos damos la bienvenida con el nombre de Dios. Es un acto simbólico: «Veo a Dios dentro de ti. Bienvenido. Estoy feliz, dichoso, de haberte visto». Si procede de la esencia, la sonrisa se extiende por todo tu ser. Sientes una profunda alegría. Te sientes dichoso por haber visto a esa persona. Y aunque la persona se haya ido, la bendición permanece y persiste como un sutil perfume que te rodea.

Pero también puedes decir: «Buenos días», simplemente porque el hombre es un banquero o un líder político, puedes decirlo maliciosamente, o porque es arriesgado o peligroso no decir «buenos días». Entonces lo dices y sonríes; pones una sonrisa en tu cara. Eso es ser persona, eso es personalidad.

En cada acto tienes que fijarte bien. Es arduo, pero tiene que hacerse. No hay otra forma. En cada acto, tienes que observar bien de dónde procede, ¿de la personalidad o de la esencia?

Si procede de la esencia, ésta crecerá, porque le estarás dando una oportunidad de manifestarse, de expresarse. Si procede de la personalidad, entonces la personalidad se irá volviendo cada vez más dura, y acabará avasallando por completo a la esencia.

Fíjate bien. Recuerda una y otra vez que debes observar: «¿De dónde procede?».

Si llegas a casa con helado y flores para tu mujer, ¿es un presente hecho desde la personalidad o desde la esencia? Si es hecho desde la personalidad es una mentira. Puede que hayas hablado con la mujer de otro y te hayas sentido atraído. Te sentiste atraído, surgió en ti un deseo y luego empezaste a sentirte culpable: «Esto es infidelidad. Así que llevas helado a casa».

Recuerda, ¡tu mujer sospechará inmediatamente! Porque nunca llevas helado. Tiene que haber algún motivo; debes de estar ocultando algo. ¿Por qué hoy, de repente, inesperadamente, estás siendo tan detallista? A las mujeres no las puedes engañar, tienen un instinto, son como detectores de mentiras. Ellas sienten directamente, no piensan. Su sentimiento es inmediato y directo. Funcionan desde el centro de la emoción. Le traes un presente a tu mujer porque te sientes culpable. Si se trata de un presente hecho desde la personalidad. ¡Es muy peligroso!

También puede ocurrir un caso similar pero justo al contrario. La situación puede ser la misma. Estuviste hablando con la esposa de tu amigo. Te sentiste atraído. Ella era graciosa y hermosa, y por su belleza, por su gracia, te recordó a tu mujer. Porque cuando amas a una persona todas las otras personas hermosas te la recuerdan. Tiene que ser así. Como la mujer era encantadora, inmediatamente, te recordó a tu amada. Había algo de la amada; una parte, un gesto.

Había algo de tu mujer. Amaste a la mujer en ese momento porque te recordaba a la tuya. Entonces, la memoria te llena.

Entonces puedes traer helado, flores o lo que sea... o nada, tan sólo una sonrisa. Eso procede de la esencia, es algo completamente distinto. Aunque la situación sea la misma, tú puedes comportarte de una forma completamente distinta.

La personalidad es un esfuerzo para engañar. La esencia es un esfuerzo para revelar tu ser; sea lo que sea, es. Deja que se revele, sé abierto y vulnerable.

Intenta vivir desde la esencia y te volverás religioso. Intenta vivir desde la personalidad y serás lo más antirreligioso posible.

Para mí, la religión no es un ritual. No significa ir a la iglesia o al templo. No significa leer la Biblia o el Gita todos los días, no. Religión significa vivir desde la esencia, ser auténtico, ser real.

Recuerda, como quiera que mientas, no te librarás con una mentira, porque una mentira es una mentira. En el fondo, tú sabes que lo es. Puedes fingir que no lo sabes, pero tu fingimiento se notará y lo indicará. En realidad, no puedes mentir porque nadie que tenga ojos, que tenga algo de conciencia, algo de inteligencia, caerá en tu mentira.

En cierta ocasión, una mujer estaba poniendo una demanda al mulá Nasrudin en el juzgado. Declaró que el mulá Nasrudin era el padre de su hijo, cosa que el mulá negaba vehemente.

Finalmente, el juez preguntó: «Sólo dígame una cosa, Nasrudin, ¿durmió usted con esta mujer?».

A lo que Nasrudin contestó: «No, su señoría, no pegué ni ojo».

Tus mentiras son aparentes, porque la verdad siempre se las arregla para salir a flote. Siempre encuentra una forma. Al final, se sabrá la verdad, y tú habrás malgastado toda tu vida en mentiras.

No esperes ni un momento. Todo el tiempo que se malgasta en mentiras es absolutamente desperdiciado. Y a base de mentiras nadie se vuelve feliz; es imposible. Las mentiras sólo pueden darte una aparente felicidad; no pueden darte la verdadera felicidad.

La felicidad verdadera es parte de la verdad. Los hindúes han definido a Dios como dicha: *satchitanand*, verdad, conciencia, dicha. *Anand*, dicha, es el núcleo final, el definitivo.

Sé real y serás dichoso, sé auténtico y serás feliz. Y esa felicidad no será causada, será una parte de estar siendo real. La felicidad es una función de la verdad. Siempre que hay verdad se manifiesta la felicidad. Cuando no hay verdad, la felicidad deja de funcionar y empieza a manifestarse la infelicidad.

No tengas miedo. Dices: «Estoy confuso por la diferencia entre individualidad y personalidad. ¿Qué queda del individuo, si es que queda algo, después de la partida del ego?»

De hecho, es por el ego que no queda nada del individuo. Cuando el ego se va, toda la individualidad surge en su cristalina pureza: transparente, inteligente, radiante, feliz, viva, vibrando a un ritmo desconocido. Ese ritmo desconocido es divino. Es una canción que se oye en lo más profundo de tu ser. Es una danza de lo sin forma. Pero uno puede oír los pasos.

Todo lo real surge, solamente, cuando el ego se ha ido. El ego es el embustero, la falsificación. Cuando el ego se va, tú estás ahí. Cuando hay ego, tú crees que estás ahí pero en realidad no lo estás.

¿Cómo volverse integrado?

La integración no tiene nada que ver con volverse. De hecho, todo esfuerzo por volverse produce desintegración. La integración ya está ahí, en lo más profundo de tu ser; no hace falta traerla.

En tu centro, estás integrado; si no fuera así, sería imposible que existieras. ¿Cómo vas a existir sin un centro? El carro se mueve porque hay un centro inmóvil sobre el que gira la rueda, se mueve sobre el eje. Si el carro se mueve, hay eje, aunque lo sepas tú o no.

Estás vivo, estás respirando, eres consciente; la vida se está moviendo, así que tiene que haber un eje para la rueda de la vida. Puede que tú no te des cuenta, pero existe. Sin él, tú no puedes ser.

Así pues, lo primero y más fundamental es: volverse no es la cuestión. Tú eres. Sólo tienes que ir adentro y verlo. Es un descubrimiento, no un logro. Lo has llevado siempre contigo. Pero te has vuelto muy apegado a la periferia y le has dado la espalda al centro. Te has vuelto tan hacia fuera que no puedes mirar dentro.

Crea una pequeña perspectiva. La palabra inglesa *insight* es hermosa, «sight» significa ver, «in» dentro, ver hacia adentro. Los ojos se abren hacia fuera, las manos se abren hacia fuera, las piernas se alejan de ti. Siéntate en silencio, relaja la periferia, cierra los ojos y ve hacia dentro... pero sin esfuerzo. Relajado, como si uno se estuviese ahogando y no pudiese hacer nada. Incluso cuando nos estamos ahogando seguimos haciendo algo.

Si simplemente puedes permitir que ocurra, emergerá. Verás el centro surgiendo de las nubes.

Existen dos modalidades de vida. Una es la modalidad de acción: haces algo. La otra es la modalidad de recepción: simplemente, recibes. La modalidad de acción es hacia fuera. Si quieres más dinero, no te puedes quedar sentado; porque de esa forma no vendrá. Tendrás que luchar por él, competir, y tendrás que utilizar toda clase de métodos y medios, legales, ilegales, correctos, incorrectos. El dinero no viene quedándose uno sentado. Si quieres llegar a ser poderoso, si quieres llegar a ser un político, tendrás que hacer algo al respecto. No ocurrirá por sí solo.

Existe una modalidad de acción. La modalidad de acción es la modalidad hacia fuera. Y también existe una modalidad de inacción: no hacer nada, simple-mente dejar que ocurra. Ése es un lenguaje que hemos olvidado. Un lenguaje en desuso que hay que volver a aprender.

La integración no es algo que tenga que ser traído, ya está ahí. Hemos olvidado cómo se ve, hemos olvidado cómo comprenderlo. Ve pasando de la modalidad de acción cada vez más a la modalidad receptiva, pasiva.

No estoy diciendo que haya que abandonar el mundo de la acción, porque eso te volverá a desequilibrar; ahora mismo estás desequilibrado. Tu vida sólo tiene una modalidad, la de acción, la de hacer algo. Hay personas que no se pueden ni imaginar estar sentadas en silencio; les es imposible. No se pueden permitir ni un momento de relajación. Sólo les interesa la acción.

He oído una historia...

> La esposa del mulá Nasrudin estaba cerca de la ventana. Era un hermoso atardecer, los pájaros volaban de regreso a sus nidos. Era realmente una tarde maravillosa. Y le dijo a Nasrudin: «¡Mira! Ven aquí. ¡Mira qué hermoso, el sol se está poniendo!».
>
> Nasrudin, sin siquiera levantar la mirada de su periódico, contestó: «Perdona, ¿qué decías que estaba haciendo ese sol?».

Cuando se hace algo, entonces, es interesante. Si sólo es un atardecer, ¿por qué molestarse en mirarlo?

Sólo te interesa la acción, sólo te interesas si «está ocurriendo algo». Esto se ha vuelto demasiado fijo. Hay que relajarlo un poco; durante un rato, unas horas, algunas veces durante unos días, tienes que pasarte totalmente a la otra modalidad de vida, sentarte y dejar que las cosas ocurran. Cuando contemplas un atardecer, no se espera que hagas nada. Simplemente, miras. Cuando contemplas una flor, ¿qué se supone que tienes que hacer? Simplemente, miras.

En realidad, no hay esfuerzo; ni siquiera el de mirar a la flor. No requiere ningún esfuerzo. Tus ojos están abiertos, la flor está ahí... y llega un momento de profunda comunión en el que lo que se mira y el que mira desaparecen. Entonces hay belleza, entonces hay bendición. De repente, tú no eres el observador, y la flor no es lo observado, porque incluso observar requiere cierta acción. Ahora tú estás ahí y la flor está ahí y, de alguna forma, tus fronteras se superponen. La flor entra en ti, tú entras en la flor, y hay una repentina revelación. Llámalo belleza, llámalo verdad, llámalo divinidad...

Estos escasos momentos han de ir siendo permitidos cada vez con más frecuencia. No puedo decir que hayan de ser cultivados, tampoco puedo decir que tengas que entrenarte para esos momentos, ni que tengas que hacer algo, porque, de nuevo, eso sería usar el lenguaje de la modalidad de acción, y sería absolutamente malinterpretado. No, sólo puedo decir que cada vez se vayan permitiendo más esos momentos. Algunas veces, simplemente, no hagas nada. Relájate, túmbate en la hierba y mira al cielo. Algunas veces, cierra los ojos y observa tu mundo interior, cómo se mueven los pensamientos, cómo flotan; cómo surgen y se van los deseos. Observa el colorido mundo de sueño que va contigo. Simplemente, observa. No digas: «Quiero parar estos pensamientos»; de nuevo, te has vuelto a pasar a la modalidad de acción. No digas: «Estoy meditando, ¡márchense! Todos los pensamientos, salgan de mí», porque si empiezas a decir eso, estarás haciendo algo. No, permanece como si no existieras.

En algunos monasterios del Tíbet todavía se practica una de las meditaciones más antiguas que existen. Esa meditación se basa en la verdad que te estoy diciendo. Enseñan que algunas veces puedes, simplemente, desaparecer. Sentado en el jardín, empieza a sentir que estás desapareciendo. Simplemente, observa el aspecto que tiene el mundo cuando te has ido de él, cuando tú ya no estás en él, cuando te has vuelto absolutamente transparente. Intenta no estar aunque sea por un instante. En tu propia casa, está como si no existieras.

Piensa que un día no estarás. Un día te habrás ido, estarás muerto; la radio todavía continuará, tu esposa todavía preparará el desayuno, tus niños todavía estarán preparándose para ir a la escuela. Piensa que hoy te has ido, que no estás. Conviértete en un fantasma. Siéntate en la silla y, simplemente, desaparece. Simplemente, piensa: «Ya no tengo realidad: no existo». Y observa que la casa continúa. Habrá una paz y un silencio inmensos. Todo continuará tal como es. Sin ti, todo seguirá tal como es. Nada se echará de menos. Entonces, ¿qué sentido tiene estar siempre ocupado, haciendo algo, obsesionado con la acción?, ¿qué sentido tiene? Tú te irás y todo lo que hayas hecho desaparecerá, como si hubieras escrito tu nombre en la arena y luego el viento la hubiera borrado y todo se hubiera acabado. Debes estar como si no hubieras existido nunca.

Esa es, sin duda, una hermosa meditación. Puedes intentarla muchas veces en veinticuatro horas. Con medio segundo será suficiente; durante medio segundo, simplemente, detente... no estés... y que el mundo continúe. Según vayas tomando más conciencia del hecho de que el mundo sigue perfectamente sin ti, podrás conocer otra parte de tu ser que lleva mucho tiempo abandonada, verás que es la modalidad receptiva. Simplemente, permites, te conviertes en una puerta. Las cosas siguen ocurriendo sin ti.

Conviértete en un tronco a la deriva. Flota en la corriente como un tronco a la deriva y ve donde quiera que te lleve la corriente; tú no hagas ningún esfuerzo. El enfoque budista pertenece íntegramente a la modalidad receptiva. Por eso a Buda se le ve sentado bajo un árbol. Todos sus mensajes son de sentarse y no hacer nada. Él simplemente está ahí, sentado, sin hacer nada.

No existe ese tipo de imagen de Jesús. Él todavía sigue en la modalidad de acción. Ahí es donde el cristianismo ha perdido la posibilidad más profunda: el cristianismo se volvió activo. El misionero cristiano socorre a los pobres, va al hospital, hace esto y lo otro, dedica todo su esfuerzo a hacer algo bueno. Sí, muy bueno, pero sigue en la modalidad de acción. Pero lo divino sólo puede ser conocido en la modalidad receptiva. Por lo tanto, un misionero cristiano puede ser un hombre bueno, un hombre excelente pero, en el sentido oriental, no puede ser un santo.

Ahora, incluso en Oriente, una persona que hace cosas es venerada como *mahatma*, porque en Oriente hay pobreza, enfermedad. Hay miles de leprosos, ciegos, analfabetos; que necesitan educación, medicamentos, ayuda, necesitan mil y una cosas. De repente, la persona activa se ha vuelto importante, así que Gandhi es un *mahatma*, Vinoba Bhave es un santo, la madre Teresa de Calcuta se ha vuelto muy importante, pero nadie se fija en si han alcanzado la modalidad receptiva o no.

Si Buda viniese ahora, nadie lo respetaría, porque no se dedicaría a dirigir una escuela o un hospital. De nuevo volvería a quedarse sentado bajo un árbol bodhi; pero para reconocer esas vibraciones, tendrás que ser afinado, tendrás que crecer.

Reconocer a Buda significa que ya estás en el camino. Reconocer a una madre Teresa es muy fácil, no requiere ningún esfuerzo. Cualquiera puede ver que está haciendo buenas obras. Hacer buenas obras y ser bueno son cosas totalmente distintas. No estoy diciendo que no hagas buenas obras. Estoy diciendo: deja que las buenas obras salgan de tu ser bueno.

Primero, alcanza la modalidad receptiva; primero, alcanza lo pasivo; primero, alcanza lo no-activo. Y cuando ha florecido tu ser interior y has llegado a conocer la integración en el interior, que siempre está ahí, el centro siempre está ahí, cuando has reconocido ese centro, de repente la muerte desaparece para ti. De pronto, todas las preocupaciones desaparecen porque ahora ya no eres un cuerpo, ni una mente.

Entonces, surge la compasión, el amor, la oración. Te conviertes en una bendición para el mundo. Nadie puede predecir lo que será de un hombre así, si se convertirá en un revolucionario que expulse a los prestamistas del templo, como Jesús; o si se dedicará a socorrer a la gente pobre; o si, simplemente, se quedará sentado bajo un árbol bodhi y expandirá su fragancia; o si se convertirá en una Meera y se dedicará a danzar y cantar la gloria de Dios. Nadie lo sabe, es impredecible.

Me preguntas: «¿Cómo volverse integrado?».

Mi única tarea aquí es hacer que seas consciente de que no se necesita nada, de que no se requiere nada más. Ya lo tienes, existiendo dentro de ti. Pero tienes que abrir vías, puertas, formas de descubrirlo. Tienes que cavar para encontrarlo; el tesoro está ahí.

Por lo tanto, la pregunta no es cómo volverse integrado. La verdadera pregunta es: ¿cómo saber que ya estoy integrado?

La pregunta es de Nisagar, y puedo entender por qué lo pregunta. Ella ha estado relacionada con la obra de Gurdjieff en Occidente. Gurdjieff tenía una idea muy extraña; significativa, pero extraña. Le solía decir a sus discípulos: «El alma no existe. El centro no existe; tiene que ser creado. El hombre no nace con alma»... una teoría muy extraña. Pero puedo entender lo que enfatizaba: el hombre no nace con alma, tiene que cristalizar su alma con esfuerzo. Por eso todo el sistema de

Gurdjieff se llama «el trabajo». Es trabajo y más trabajo. Es esfuerzo, de nuevo es la modalidad de acción.

De hecho, en Occidente es muy difícil enseñar a la gente la modalidad de no-acción. Gurdjieff enseñaba técnicas, métodos para volverse integrado. Él diría: «Todavía no hay alma». No es que el alma no exista, o que él no fuera consciente de ella; era una táctica. La gente se había vuelto muy letárgica en lo que respecta al alma. Pensaba que ya estaba ahí, así que, ¿por qué preocuparse, por qué molestarse? «Está ahí. Podemos encontrarla cualquier día, así que, de momento, busquemos otras cosas que no estén ya ahí. De momento, encontremos mujeres hermosas, más vino, más dinero, más poder; cosas que no haya, busquémoslas. Y cuando estemos hartos de todo ello, cuando queramos, cerraremos los ojos e iremos hacia dentro y el alma estará allí. No se pierde nunca; no se puede perder ni ganar: ya está ahí». Y por este motivo la gente se ha vuelto muy letárgica.

Se puede ver en Oriente. Todo Oriente se ha vuelto muy dejado y letárgico. El alma existe y todo el mundo lo sabe, todo el mundo lo ha oído. «Dios está en el corazón, ya está ahí, así que ¿por qué tanto alboroto por él?» La gente busca lo que no está ahí.

Gurdjieff se dio cuenta de este hecho, de que la idea de que el alma ya está ahí había hecho que la gente estuviera muy letárgica, sin ningún interés por el alma; muy poco interesada, sin ningún interés por el mundo interior. A la mente sólo le interesa lo que le plantea un reto, lo aventurado. Así pues, Gurdjieff, para encajar en la mente occidental, empezó a decir que el alma no estaba ahí: «No te quedes sentado tan tranquilo, haz algo, porque cuando la gente muere, no todos sobreviven. Sólo aquellos que hayan integrado sus centros sobrevivirán. Los demás, simplemente, desaparecerán como vegetales. «La elección es tuya. Estás tomando un riesgo», decía Gurdjieff. «Si haces algo, y hacer significa hacer arduo, trabajo duro, toda una vida de entrega a él, sólo entonces podrás sobrevivir a la muerte. De otra forma, serás descartado. Serás tirado a la chatarra. Lo inmortal no te elegirá a no ser que estés integrado. Tienes que ganártelo. Después de la muerte, sólo se salvarán unos pocos, no todos».

Ésta era una extraña teoría, nunca antes propuesta, nunca en toda la historia de la humanidad. Ha habido gente que ha dicho: «El alma no existe». Los conocemos, son los ateos. Siempre han existido. Hay gente que dice: «El alma existe y es indestructible. Ni la muerte puede acabar con ella». Hemos oído hablar de ellos; siempre han existido. Pero Gurdjieff decía algo completamente nuevo, algo que nunca antes se había dicho. Decía: «El alma es posible, no es actual, simplemente es posible. Puedes conseguirla o no; puede que te la pierdas. Es más probable que te la pierdas, porque, tal como estás viviendo, no te la estás ganando».

Gurdjieff dijo: «El hombre es como una semilla. La semilla no tiene por qué convertirse en un árbol necesariamente. No necesariamente; quizá la semilla no encuentre el suelo adecuado; o aunque encuentre el suelo adecuado puede que no llueva; aunque llueva, puede que los animales acaben con la planta. Hay mil y un peligros. La semilla no tiene por qué acabar siendo un árbol necesariamente. Sólo si uno la protege de mil y una cosas, la semilla se convierte en árbol. Tú no eres un alma, sólo eres una posibilidad. Hay que hacer mil y un esfuerzos; sólo entonces te convertirás en un alma. Es muy inusual: de cada millón de personas sólo una se convierte en un alma. Todos los demás, simplemente, vegetan, mueren y desaparecen».

Yo digo que es una extraña teoría porque no es verdad. También digo que es muy significativa, porque algo así es necesario; al menos, en Occidente es necesario. Porque si no, nadie se preocupa por el alma. Pero todas las técnicas que Gurdjieff utilizaba eran básicamente las mismas que hemos usado en Oriente para descubrir el alma. Él, simplemente, lo llamó de otra forma. Lo llamó «crear el alma», integrar el alma, cristalizar el centro. Pero las técnicas son las mismas.

Ya estás integrado. No en la periferia; en la periferia hay mucha confusión. En la periferia estás fragmentado. Ve hacia dentro, cuanto más profundices, más te irás dando cuenta de que estás integrado. Hasta que llega un punto en que, de repente, descubres que en la más íntima capa de tu ser eres una unidad, una absoluta unidad. Es cuestión de descubrirlo.

¿Pero cómo hacerlo?

Me gustaría ofrecerte una técnica. Se trata de una estrategia muy sencilla, aunque al principio parezca muy difícil. Si lo intentas, verás que es muy simple. Si en lugar de intentarlo sólo hablas de ella, parecerá muy difícil. La técnica se basa en hacer sólo aquello que disfrutas. Si no disfrutas, no lo hagas. Inténtalo, porque el disfrutar es algo que sólo procede de tu centro. Cuando estás haciendo algo y lo disfrutas, empiezas a reconectarte con el centro. Cuando haces algo que no disfrutas, estás desconectado del centro. El gozo surge del centro y sólo de él. Así pues, deja que ése sea el criterio y sé fanático al respecto.

Si vas caminando por la calle y, de repente, te das cuenta de que no estás disfrutando el paseo, se acabó; eso es algo que no hay que hacer.

Es algo que yo solía hacer en mis días de universidad, y la gente pensaba que estaba loco. De repente, me paraba y me quedaba quieto ahí media hora, una hora, hasta que empezase a disfrutar de volver a andar. A mis profesores les preocupaba tanto que, cuando había exámenes, me metían en un coche y me dejaban en el aula del examen. Me dejaban en la puerta y esperaban allí pensando: ¿habrá llegado a su pupitre o no? Si estaba tomando un baño y, de repente, me daba cuenta de que no estaba disfrutando, lo dejaba. ¿Qué sentido tenía entonces? Si estaba comiendo y, de repente, me daba cuenta de que no lo estaba disfrutando, también lo dejaba.

Era mi primer día de clase de matemáticas en mi facultad; entré cuando el profesor estaba haciendo la introducción a la asignatura. A la mitad, me levanté e intenté salir. El profesor me dijo: «¿Adónde va? Si quiere que le permita volver a entrar, tendrá que pedírmelo». Yo le contesté: «No se preocupe; no volveré. Por eso no le estoy preguntando. Se acabó, ¡no lo estoy disfrutando! Encontraré otra asignatura que pueda disfrutar, porque no voy a hacer algo que no puedo disfrutar. Eso es tortura, violencia».

Y, poco a poco, se convirtió en una clave. De repente me di cuenta de que cuando estás disfrutando de algo, estás centrado. El gozo es el sonido de estar centrado. Cuando no estás disfrutando de algo, estás fuera de centro. No lo fuerces; no es necesario. Y si la gente piensa que estás loco, deja que lo piense. En unos días descubrirás por experiencia propia que estabas perdiéndote a ti mismo. Hacías mil y una cosas que nunca disfrutabas y, aun así, las hacías porque te enseñaron a hacerlas. Simplemente estabas cumpliendo con tu deber.

Incluso la gente ha destruido algo tan hermoso como el amor. Llegas a casa y le das un beso a tu mujer porque así debe ser, es lo que se tiene que hacer. Entonces, algo tan hermoso como un beso, algo tan florido, ha sido destruido. Aunque con el paso del tiempo dejes de disfrutarlo, seguirás besando a tu mujer; olvidarás el gozo de besar a otro ser humano. Estrechas la mano a cualquiera que te cruces; el estrechamiento de manos es frío, sin sentido, sin un mensaje, en él no fluye calor. Sólo son manos muertas estrechándose y saludándose. Y, poco a poco, empiezas a aprender este gesto muerto, este gesto frío. Te quedas congelado, te conviertes en un cubito de hielo. Y, entonces, preguntas: «¿Cómo se entra al centro?».

El centro es accesible cuando eres cálido, cuando estás fluyendo, fundiéndote en amor, en dicha, en danza, en deleite. Depende de ti. Simplemente, sigue haciendo sólo las cosas que realmente te encante hacer y disfrutes. Si no disfrutas, deja lo que estés haciendo. Encuentra otra cosa que puedas gozar.

Tiene que haber algo con lo que puedas sentir placer. Nunca he conocido a una persona que no pudiese disfrutar nada. Hay quien no puede disfrutar una cosa ni la siguiente ni la próxima, pero la vida es vasta. No permanezcas ocupado; vuélvete flotante. Deja que haya una mayor corriente de energía. Deja que fluya, deja que se encuentre con otras energías que te rodean. Pronto te darás cuenta de que el problema no era cómo volverse integrado; el verdadero problema era que había olvidado cómo fluir. En una energía que fluye, de repente, estás integrado. Algunas veces también ocurre accidentalmente, pero por la misma razón.

Algunas veces te enamoras de una mujer o de un hombre y, de repente, te sientes integrado; de repente, por primera vez, sientes que eres uno. En tus ojos hay un brillo especial, en tu cara hay un resplandor y tu intelecto ya no está debilitado. Algo empieza a brillar en tu ser;

surge una canción, tu caminar adquiere un aire de danza. Eres un ser completamente diferente.

Pero estos momentos son escasos, porque no aprendemos el secreto. El secreto es que hay algo que has empezado a disfrutar. Eso es todo. Un pintor puede estar pintando con hambre y, aun así, en su cara se puede ver que está muy contento. Un poeta puede ser pobre pero, cuando está cantando su canción, es el hombre más rico del mundo, no hay nadie más rico que él. ¿Cuál es el secreto?, el secreto es que está disfrutando ese momento. Cuando disfrutas algo, estás en tono contigo mismo y estás en tono con el universo, porque tu centro es el centro de todo.

Así que deja que esta pequeña perspectiva sea un clima para ti: haz sólo aquello que disfrutes; si no, déjalo. Estás leyendo un periódico y a la mitad te das cuenta de que no lo estás disfrutando: entonces, no hay necesidad de seguir leyéndolo. Déjalo aquí y ahora. Si estás hablando con alguien y en medio de la conversación te das cuenta de que no lo estás disfrutando, no estás obligado a continuar. Al principio parecerá un poco raro. Pero mi gente es rara, así que no te desanimes. Puedes practicarlo. En unos días se habrán hecho muchos contactos con el centro, y entonces entenderás a qué me refiero cuando reitero una y otra vez que lo que estás buscando ya está en ti. No está en el futuro. No tiene nada que ver con el futuro. Ya está aquí ahora, ése es el caso.

EPÍLOGO

Un hombre fue a ver a Junnaid, un místico sufí, y le preguntó: «¿Qué tienes que decir acerca de la predeterminación, el *kismet*, el destino y la libertad del hombre?, ¿es el hombre libre para hacer lo que quiera?, ¿o no es más que un títere que baila al son que le marca un desconocido marionetista?».

Junnaid, que es uno de los más hermosos místicos del mundo, le gritó al hombre: «¡Levanta una pierna!».

El hombre que preguntaba era muy rico, y Junnaid lo conocía. Todos sus discípulos, toda la escuela lo conocía, y Junnaid le había gritado tan rudamente: «¡Levanta una pierna!». El hombre nunca había recibido órdenes de nadie; no había venido a ver a Junnaid para que le diera órdenes, y no podía imaginar ni la más remota, ni la más mínima relación entre eso y la respuesta. Pero cuando estás frente a un hombre como Junnaid, tienes que hacerle caso.

El hombre levantó su pierna derecha.

Junnaid dijo: «Eso no es suficiente. Ahora levanta la otra, también».

El hombre, que estaba perplejo y enfadado, le dijo: «¡Estás pidiendo absurdos! He venido a preguntar una cuestión importante y, simplemente, has ignorado la pregunta y me has pedido que levante una pierna. He levantado la pierna derecha, ¿y ahora me pides que levante la otra, también?, ¿qué es lo que quieres?, ¿cómo voy a levantar ambas piernas?».

Junnaid dijo: «Entonces, siéntate. ¿Has recibido la respuesta a tu pregunta o no?».

El hombre contestó: «La respuesta a mi pregunta aún no ha sido dada. ¡En lugar de ello, me has estado entrenando para algún tipo de extraño desfile!».

Junnaid le dijo: «Fíjate: cuando te he pedido que levantases una de tus piernas, tenías la libertad de elegir la derecha o la izquierda. Nadie lo estaba determinando; ha sido tu elección levantar la pierna derecha. Pero, una vez que has elegido la pierna derecha, ya no podías elegir la izquierda. Ha sido tu libertad lo que ha determinado los hechos de tu cautiverio. Ahora tu pierna izquierda está cautiva».

El hombre es mitad libre y mitad cautivo, pero antes es libre.

Es su libertad, la forma de utilizar su libertad, lo que determina su cautiverio. No hay nadie escribiendo en tu cabeza o dibujándote las líneas de las manos. Incluso un Dios omnipotente ya se habría cansado de la estupidez de dibujar las líneas de las manos de la gente. Además, hay tanta gente naciendo cada momento en el mundo; escribir en la cabeza de todo el mundo lo que va a ser, dónde va a nacer, cuándo va a morir, de qué enfermedad, o qué médico va a matarle... ¡todos esos detalles! Dios se habría vuelto loco con todo este trabajo; imagínate que tú tuvieras que hacer todo eso, hacer ese tipo de trabajo y sin ninguna necesidad; ya se habría suicidado. Aunque estuviera loco, tendría que seguir haciendo este trabajo. Puede que estuviese loco durante unos días, mientras creaba esta humanidad, y que luego se suicidase porque no querría ver al mundo evaporarse por las armas nucleares. Pero ha sido él quien ha escrito esas armas nucleares en nuestras cabezas; él es el responsable.

No hay ningún responsable, y Dios no existe. Eso son artimañas nuestras para pasar la responsabilidad a otros.

Eres libre, pero cada acto de libertad trae consigo una responsabilidad, y ése es tu cautiverio. Lo puedes llamar «cautiverio», que no es una hermosa palabra, o «responsabilidad», como lo llamo yo.

Tú eliges un determinado acto, ésa es tu libertad. Pero luego las consecuencias serán responsabilidad tuya.

Estoy absolutamente de acuerdo con la ciencia en que causa y efecto van juntos. En lo que respecta a la causa, eres libre. Pero no debes olvidar que el efecto es decidido por ti, por tu causa. De hecho, en eso también eres libre; es producto de tu libertad.

Si te tomas la vida de una forma sencilla y no teológica, te sorprenderás: no hay problemas. Es un misterio, pero no un problema.

Un problema es aquello que puede ser resuelto; un misterio es aquello que puede ser vivido, pero nunca resuelto. Y la meditación no es otra cosa que la exploración del misterio; no es una explicación, no es una búsqueda para encontrar una resolución, sino una exploración... Disolverse lentamente como una ola que desaparece en el océano; esa desaparición es la única religiosidad que conozco. Todo lo demás son tonterías. •

Sobre el autor

Osho desafía las clasificaciones. Sus miles de charlas cubren todo, desde la búsqueda individual del significado hasta los problemas sociales y políticos más urgentes que enfrenta la sociedad en la actualidad. Los libros de Osho no han sido escritos, sino trascritos de las grabaciones de audio y video de sus charlas extemporáneas ante audiencias internacionales. Tal como él lo expone: «Recuerden: lo que estoy diciendo no sólo es para ustedes... estoy hablando también para las futuras generaciones». Osho ha sido descrito por el *Sunday Times* en Londres como uno de los «1 000 Creadores del Siglo xx» y por el autor estadounidense Tom Robbins como «el hombre más peligroso desde Jesucristo». *El Sunday Mid-Day* (India) ha seleccionado a Osho como una de las diez personas —junto con Gandhi, Nehru y Buda— que han cambiado el destino de la India. Con respecto a su propia obra, Osho ha declarado que está ayudando a crear las condiciones para el nacimiento de una nueva clase de seres humanos. Él con frecuencia caracteriza a este nuevo ser humano como «Zorba el Buda», capaz tanto de disfrutar los placeres terrenales de un Zorba el Griego, como la serenidad silenciosa de un Gautama el

Buda. Un tema principal a través de todos los aspectos de las charlas y meditaciones de Osho es una visión que abarca tanto la sabiduría eterna de todas las eras pasadas como el potencial más alto de la ciencia y la tecnología de hoy en día (y del mañana). Osho es conocido por su contribución revolucionaria a la ciencia de la transformación interna, con un enfoque en la meditación que reconoce el paso acelerado de la vida contemporánea. Sus Meditaciones Activas OSHO® están diseñadas para liberar primero las tensiones acumuladas del cuerpo y la mente, de tal manera que después sea más fácil emprender una experiencia de quietud y relajación libre de pensamientos en la vida diaria.

Disponible una de sus obras autobiográficas:

Autobiografía de un místico espiritualmente incorrecto.
Barcelona: Kairos, 2001.

OSHO Internacional
Meditation Resort

Ubicación: ubicado a 100 millas al sureste de Mumbai en la moderna y floreciente ciudad de Pune, India, el Resort de Meditación de OSHO Internacional es un destino vacacional que hace la diferencia. El Resort de Meditación se extiende sobre 40 acres de jardines espectaculares en una magnífica área residencial bordeada de árboles.

Originalidad: cada año, el Resort de Meditación da la bienvenida a miles de personas provenientes de más de 100 países. Este campus único ofrece la oportunidad de una experiencia personal directa de una nueva forma de vida: con mayor sensibilización, relajación, celebración y creatividad. Está disponible una gran variedad de opciones de programas durante todo el día y durante todo el año. ¡No hacer nada y simplemente relajarse en una de ellas!

Todos los programas se basan en la visión de OSHO de «Zorba el Buda», una clase de ser humano cualitativamente diferente que es capaz *tanto* de participar de manera creativa en la vida diaria *como* de relajarse en el silencio y la meditación.

Meditaciones: un programa diario completo de meditaciones para cada tipo de persona, incluye métodos que son activos y pasivos, tradicionales y revolucionarios, y en particular, las Meditaciones Activas OSHO®. Las meditaciones se llevan a cabo en lo que debe ser la sala de meditación más grande del mundo: el Auditorio Osho.

Multiversidad: las sesiones individuales, cursos y talleres cubren todo: desde las artes creativas hasta la salud holística, transformación personal, relaciones y transición de la vida, el trabajo como meditación, ciencias esotéricas, y el enfoque «Zen» ante los deportes y la recreación. El secreto del éxito de la Multiversidad reside en el hecho de que todos sus programas se combinan con la meditación, la confirmación de una interpretación de que como seres humanos somos mucho más que la suma de nuestras partes.

Spa Basho: el lujoso Spa Basho ofrece una piscina al aire libre rodeada de árboles y prados tropicales. El espacioso *jacuzzi* de estilo único, los saunas, el gimnasio, las canchas de tenis... todo se realza gracias a su increíble y hermoso escenario.

Cocina: una variedad de diferentes áreas para comer sirven deliciosa comida vegetariana occidental, asiática e hindú, la mayoría cultivada en forma orgánica especialmente para el Resort de Meditación. Los panes y pasteles también se hornean en la panadería propia del centro.

Vida nocturna: se pueden elegir diversos eventos en la noche entre los cuales bailar ¡es el número uno de la lista! Otras actividades incluyen meditaciones con luna llena bajo las estrellas, espectáculos de variedades, interpretaciones musicales y meditaciones para la vida diaria.

O simplemente puede disfrutar conociendo gente en el Café Plaza, o caminar bajo la serenidad de la noche por los jardines de este escenario de cuento de hadas.

Instalaciones: usted puede adquirir todas sus necesidades básicas y artículos de tocador en la Galería. La Galería Multimedia vende una amplia gama de productos multimedia OSHO. También hay un banco, una agencia de viajes y un Cibercafé en el campus. Para aquellos que disfrutan las compras, Pune ofrece todas las opciones, que van desde los productos hindúes étnicos y tradicionales hasta todas las tiendas de marcas mundiales.

Alojamiento: puede elegir hospedarse en las elegantes habitaciones de la Casa de Huéspedes de Osho, o para permanencias más largas, puede optar por uno de los paquetes del programa Living-in. Además, existe una abundante variedad de hoteles y apartamentos con servicios incluidos en los alrededores.

www.osho.com/meditationresort

Para mayor información

www.**OSHO**.com

Página web en varios idiomas que incluye una revista, los libros de OSHO, las charlas OSHO en formatos de audio y video, el archivo de textos de la Biblioteca OSHO en inglés e hindi, y una amplia información sobre las meditaciones OSHO. También encontrarás el plan del programa de multiversidad OSHO e información sobre el OSHO INTERNATIONAL MEDI-TATION RESORT.

Páginas web:

http://OSHO.com/resort
http://OSHO.com/magazine
http://OSHO.com/shop
http://www.youtube.com/OSHO
http://www.oshobytes.blogspot.com
http://www.twitter.com/OSHOtimes
http://www.facebook.com/pages/OSHO.international

http://www.flickr.com/photos/oshointernational
http://www.OSHO.com/todosho

Para contactar a OSHO International Foundation:

www.OSHO.com/oshointernational,
oshointernational@oshointernational.com

Acerca de este código QR

Este código QR te enlazará con el Canal de Youtube OSHO Español, facilitándote el acceso a una amplia selección de OSHO Talks, las charlas originales de Osho, seleccionadas para proporcionar al lector un aroma de la obra de este místico contemporáneo. Osho no escribía libros; sólo hablaba en público, creando una atmósfera de meditación y transformación que permitía que los asistentes vivieran la experiencia meditativa.

Aunque las charlas de Osho son informativas y entretenidas, éste no es su propósito fundamental. Lo que Osho busca es brindar a sus oyentes una oportunidad de meditar y de experimentar el estado relajado de alerta que constituye la esencia de la meditación.

Estos videos incluyen subtítulos en español y se recomienda verlos sin interrupciones. Éstos son algunos de los consejos de Osho para escuchar sus charlas:

> «El arte de escuchar está basado en el silencio de la mente, para que la mente no intervenga, permitir simplemente lo que te está llegando.»

«Yo no digo que tengas que estar de acuerdo conmigo. Escuchar no significa que tengas que estar de acuerdo conmigo, ni tampoco significa que tengas que estar en desacuerdo.»

«El arte de escuchar es sólo puro escuchar, factual, sin distorsión.»

«Y una vez que has escuchado entonces llega un momento en el que puedes estar de acuerdo o no, pero lo primero es escuchar.»

Si no dispones de un Smartphone también puedes visitar este enlace:

https://www.youtube.com/user/oshoespanol/videos

Destino, libertad y alma de Osho
se terminó de imprimir en febrero de 2019
en los talleres de
Impresora Tauro S.A. de C.V.
Av. Año de Juárez 343, col. Granjas San Antonio,
Ciudad de México